HISTOIRE
DE
VINCENNES

PAR

E. Lemarchand

PRIX : 3 FRANCS

Tirage à 100 exemplaires.

VINCENNES
IMPRIMERIE MONTORIENT, 47, RUE DE PARIS
1889

HISTOIRE DE VINCENNES

PAR

E. LEMARCHAND

Etymologie du nom de Vincennes

Il est peu de villes qui aient eu l'étymologie de leur nom aussi contestée que l'est celle de Vincennes. Dans tous les temps, les étymologistes ont, à ce sujet, donné libre cours à leur imagination et nous ont laissé un grand nombre de solutions plus ou moins fantaisistes. Selon les uns, Vincennes vient de *vita sana*, vie saine, à cause de l'air pur qu'on y respire et de la salubrité du plateau; d'après les autres, ce nom vient de *vingts-cennes*, corruption de vingt-cent, parce que le parc primitif avait deux mille arpents de superficie; d'autres y ont vu une corruption de *vigenti-stada*, vingt stades, c'est-à-dire deux mille cinq cents pas, ce qui était la distance séparant Vincennes de la capitale.

Poncet de la Grave croit qu'il existait autrefois un haras établi par les Francs et que le bois aurait pris son nom de Wils, qui, en bavarois, signifiait cheval médiocre. Il est vrai que comme l'a dit un bel esprit du siècle dernier, les mots sont comme les cloches : on leur fait dire tout ce qu'on veut.

Enfin, d'après Le Bœuf, le nom primitif aurait été Vilcena et c'est le récit qui va suivre qui en fournira l'explication :

En 1728, un certain abbé Chevalier fit présent à dom Bernard de Montfaucon d'une pierre qu'il avait trouvée trois ans auparavant dans un bûcher du couvent de Saint-Maur où elle gisait à terre comme inutile ; cette pierre portait une inscription sur laquelle dom Bernard fit un mémoire qu'il lut en 1734 à l'Académie des Belles-lettres.

« C'était, dit Le Bœuf dans son histoire du diocèse de Paris, une pierre plate d'environ un pied carré, elle paraît avoir été faite pour être incrustée dans le mur ou sur une porte ; elle est composée de sept lignes ; les lettres ont plus d'un pouce dans les premières lignes et vont en diminuant à mesure qu'on approche de la fin. Il y a un point après chaque mot.

COLLEGIUM.
SILVANI. REST.
ITUERUNT. M.
AURELIUS. AUG.
LIB. HILARIUS.
ET. MAGNUS. CRYPT.
TARIUS. CURATORES.

Montfaucon a lu ainsi cette inscription : Collegium Silvani restituerunt Marcus Aurelius Augusti libertus Hilarus et Magnus Criptarius curatores. Marius Aurélius, affranchi d'Auguste, et Magnus Cryptarius ont rétabli le collège de Silvain. »

Le collège romain du dieu Silvain, c'est-à-dire du dieu des forêts, étant tombé en décadence, fut donc rétabli au bois de Vincennes probablement dans la partie de la péninsule formée par la Marne où se trouve Saint-Maur-les-Fossés.

Après le règne de Constantin, les temples dédiés aux divinités païennes ne purent subsister ou furent mal entretenus ; puis lorsque les Francs eurent envahi la Gaule et s'y furent établis ils s'emparèrent de tous les temples du paganisme devenus déserts et, après la conquête de Paris, Clovis les regarda comme biens du domaine de la couronne ; le culte de Silvain dut alors cesser dans la forêt, surtout lorsque nos premiers rois eurent choisi cet endroit comme rendez-vous de chasse et même comme résidence. Ce fut alors que le nom de Silvanus devint probablement Vilcena par une interversion de lettre assez fréquente ; c'est sous ce nom que le bois environnant est mentionné en 847 dans un titre de l'abbaye de Saint-Maur-les-Fossés comme faisant partie de la terre ou paroisse de Fontenay, en 980 dans une bulle du pape Benoît VII et, en 1037, dans un acte de Henri Ier, dans lequel ce roi permet aux moines de l'abbaye de Saint-Maur de prendre pour leur cuisine, du bois dans la partie de la forêt contiguë à leur monastère. Ce nom s'appliqua plus tard au manoir que Louis VII fit construire dans le voisinage ; puis il se transforma de nouveau, devint successivement Vicena, Vicenæ et enfin Vincennes.

Cependant on pourrait encore dire, comme le chevalier de Cailly, à propos d'une étymologie douteuse :

> Alfana vient d'equus, sans doute ;
> Mais il faut avouer aussi
> Qu'en venant de là jusqu'ici
> Il a bien changé sur la route.

L'Ancien manoir royal

Quoiqu'il en soit et quelle que soit l'origine de cette appellation, il est un fait certain que, dès le IXe siècle, le bois fut connu sous le nom de Vilcena ; les premiers Mérovingiens y venaient souvent pour chasser et pour s'y reposer. Ce ne fut que Louis VII, dit le Jeune, qui en fit une véritable résidence royale. Il fit entourer d'un mur une partie du bois du côté de Paris et fit construire pour y loger un garde, la tourelle que l'on voit encore sur la route de Paris. Il fit aussi bâtir dans le bois plusieurs petits logements pour lui servir de retraite au retour de la chasse.

C'est cette sorte de manoir que beaucoup de chroniqueurs ont confondu avec le domaine de Beauté, situé à deux ou trois kilomètres de là. Ce domaine de Beauté ne fut jamais, à proprement parler, une résidence royale ; il ne servit jamais que comme rendez-vous de chasse.

Les Chevaliers de Grammont

Vers la même époque que la construction des nouveaux bâtiments, le roi, qui était pieux et pénétré particulièrement de vénération pour l'ordre de Grammont, dont les religieux étaient connus alors sous le nom de Bons-Hommes, forma le projet de les établir dans le bois de Vincennes sur les restes de l'ancien collège romain ; il demanda donc à leur général un certain nombre de ces religieux ; celui-ci les envoya dans la même année, le roi les reçut avec bonté, les logea chez lui et fit travailler sans relâche à leur habitation. De plus il voulut pourvoir à leur dotation : il leur donna par une charte, avec leur couvent, le bois, le fonds de terre pour en jouir à perpétuité et leur assigna une rente annuelle de deux muid et demi de froment sur la grange de Gonesse. Plus tard ces religieux reçurent une nouvelle rente d'un muid de froment à prendre sur la ferme royale de Villeneuve-Saint-Georges qui dépendait de la paroisse de Saint-Germain-des-Prés. Ils restèrent ainsi dans le bois, menant une tranquille existence jusqu'en 1483. Plus tard Henri III y installa les Minimes, dont nous parlerons plus loin et qui furent supprimés, en 1784, par un arrêt du Parlement.

Vincennes résidence royale

En 1183, Philippe-Auguste continua l'œuvre commencée par Louis VII en finissant d'entourer de murs le bois de Vincennes ; il y renferma, comme un gibier précieux, des cerfs, des daims et des chevreuils que lui avait envoyés le roi d'Angleterre Henri II. La même année, il établit au dehors de son parc, entre la tourelle de Louis VII et le lieu appelé Bel-Air, une ménagerie pour y loger toutes sortes de bêtes fauves. C'est cette ménagerie qui fut plus tard transférée, par Louis XIV, entre Versailles et Saint-Cyr et qui constitua ensuite la ménagerie annexée actuellement au Jardin des Plantes.

Il fit ensuite agrandir le manoir de ses prédécesseurs et lui donna l'apparence d'un véritable château royal.

C'est le premier qui ait existé en France. Philippe-Auguste se plaisait beaucoup en cet endroit et lorsqu'il projeta d'entreprendre son voyage en Terre-sainte, il y fit son testament en 1190.

Louis VIII et Saint-Louis aimèrent aussi beaucoup à habiter ce château, qui continua d'être résidence royale sous Philippe III, Philippe IV, Louis X et Charles IV. Nous allons d'ailleurs raconter brièvement les principaux faits qui s'y sont passés sous le règne de chacun de ces princes. Le petit-fils de Philippe-Auguste, Louis IX, visita souvent et habita ce château. Bien souvent, au sortir de son sommeil après-midi, il se rendait à «Vinciennes» et y soupait ; on montrait encore autrefois le chêne sous lequel il aimait à s'asseoir, vêtu d'une cotte de camelot, d'un surcot de tiretaine sans manches et d'un manteau de taffetas noir, entouré de ses conseillers René de Fontaines et Geoffroy de Villette, écoutant avec eux les gens du peuple qui se présentaient pour demander justice.

« Maintes fois, dit le sire de Joinville dans ses Mémoires, advint qu'en été il allait seoir au bois de Vinciennes après sa messe et s'accostoyoit à un chêne et nous faisoit seoir entour li, et tous ceux qui avoient affaire venoient parler à li sans tourbier (empêchement) d'huissier ne d'aultres. »

C'est cette particularité qui a surtout servi à établir la grande réputation de justice de Louis IX, réputation devenue presque légendaire et d'autant plus remarquable que dans le cours de l'histoire de notre pays peu de rois ont su en mériter une semblable.

En 1239, Louis IX, ayant fait racheter par Beaudoin de Courtenai, empereur de Constantinople, la couronne de Jésus engagée aux Vénitiens, partit du château avec sa mère, ses frères et un nombreux cortège pour aller au devant ; il la rencontra à Villeneuve-l'Archevêque, entre Troyes et Sens. Le roi porta lui-même la relique alternativement avec les princes et les grands du royaume. Au bout de huit jours, on arriva dans l'avenue de Vincennes, près de l'abbaye Saint-Antoine où on la déposa provisoirement. Une épine fut détachée de la relique et donnée au trésor de la chapelle, que Louis IX fit bâtir à cette époque, comme nous le verrons plus loin. Le soir, le roi se retira au château d'où il envoya ordonner à tous les chapitres, curés et moines de Paris de venir avec leurs reliques au devant de la couronne. Le jour désigné, Saint-Louis quitta Vincennes et se rendit à l'abbaye de Saint-Antoine, déposa ses habits royaux et, vêtu d'une simple tunique, les pieds nus, il se chargea de nouveau avec son frère du brancard et parcourut ainsi une grande partie de la capitale. Il déposa plus tard la relique dans la Sainte-Chapelle qu'il fit construire à Paris.

Le 24 avril 1214, Saint-Louis de la Terre-Sainte arriva à Vincennes où il passa trois années et rendit plusieurs ordonnances. De 1242 à 1250, il avait fait construire une Sainte-Chapelle à côté du vieux château ; ce fut cette construction qui servit de modèle à celle que l'on bâtit dans la suite et dont nous parlerons plus loin. Cette chapelle devint la cure du château ; mais, cependant, Saint-Louis conserva le petit oratoire existant auparavant et dédié à Saint-Martin. Un chapelain particulier fut même attaché à l'oratoire royal de Saint-Martin, par une charte publiée en 1248 et signée de

Baigneux avec le sceau du roi. Ce chapelain reçut le droit d'être en même temps le curé ou le recteur de la Sainte-Chapelle.

Le fils de Saint-Louis, Philippe le Hardi, se plût aussi à Vincennes et l'habita longtemps, il y rendit en 1270 une ordonnance par laquelle la majorité des rois était fixée à quatorze ans. Etant veuf d'Isabelle d'Aragon, il y épousa, en 1274, Marie, sœur de Jean, duc de Brabant. L'année suivante, il fit sacrer sa femme à Paris et partit ensuite pour Vincennes où il y eut des réjouissances qui durèrent trois jours et où plusieurs grandes chasses furent données. Quelques années après, étant à Melun, ce prince perdit son fils aîné qu'on crut mort empoisonné, il consulta les devins qui se déclarèrent impuissants à lui apprendre la vérité. Il vint alors à Vincennes où un moine lui présenta des lettres qu'il prétendit avoir reçues d'un courrier qui passait. Le roi assembla aussitôt son conseil, mais on garda le plus profond silence sur le contenu des missives parce que la reine, sa seconde femme, y était accusée d'avoir fait périr le prince fils du premier lit. Philippe fit arrêter à Vincennes Pierre de la Brosse, son favori, accusateur de la reine; celui-ci demanda à être entendu, on lui répondit en le jetant en prison : on lui fit son procès et il fut pendu au gibet de Paris, en présence des ducs de Bourgogne et de Brabant et du comte d'Artois, qui demanda à assister à l'éxécution.

Voilà la justice qui avait succédé, à Vincennes, à celle de Saint-Louis.

Philippe passa ensuite quelques années à Vincennes, ainsi que son successeur Philippe IV le Bel qui publia, en 1290, une ordonnance sur l'état de sa maison. Dans cette ordonnance, il attribuait au chancelier de France vingt sols par jours pour sa dépense à lui et aux siens lorsque le roi était à Paris et six sols seulement lorsqu'il était à Vincennes.

Louis X, dit le Hutin, fixa aussi sa résidence à Vincennes et y tint sa cour, mais, sous son règne, il y eut une réaction générale contre le despotisme de la royauté qui augmentait sans cesse les impôts et altérait les monnaies. Le roi, sur les conseils de Charles de Valois et pour apaiser la colère du peuple, qui devenait de plus en plus violente, accusa son surintendant des finances, Enguerrand de Marigny, de dilapidations; il fit assembler au château une réunion de barons et de prélats qui condamna Marigny à être pendu. Celui-ci fut exécuté, en 1315, au gibet de Montfaucon, qu'il avait fait élever lui-même du temps de sa puissance.

Histoire et description du nouveau château.

En 1337, Philippe VI de Valois fit commencer le château que l'on voit encore aujourd'hui; il fit construire le donjon jusqu'au niveau de la terre ainsi que huit tours au milieu desquelles se trouva enfermé le château primitif. Son fils Jean, fit continuer les travaux et, à sa mort, le donjon se trouva élevé jusqu'au troisième étage. Ce fut son successeur, Charles V, qui l'acheva. Ce prince, qui était né au château, le 21 janvier 1337, avait été nommé régent du royaume pendant la captivité de son père, mais Paris ayant refusé de le recevoir il s'était vu obligé de s'emparer du château et y avait campé avec 30,000 hommes.

Devenu roi, il continua de l'habiter; il en donna le commandement, avec 1380 livres d'appointement, à Nicolas de Braque, vieux chevalier qui avait bien servi l'État, mais avec la charge d'entretenir six hommes d'armes et six arbalétriers. Il fut le premier gouverneur du château.

En 1373, le roi fit creuser les fossés du château, commencer les remparts et achever le donjon.

Un compte de 1362 nous indique le salaire des ouvriers employés à sa construction; les maîtres tailleurs de pierre avaient quatre sols par jours, les maçons trois, les compagnons deux et les valets ou manœuvres avaient huit deniers. Il y avait quatre-vingt tailleurs de pierres, deux cents maçons et deux cents compagnons et manœuvres. Trois cents voitures étaient occupées à charger les pierres des carrières de Charenton et de Gentilly. En 1364, sous Charles V, les prix des ouvriers furent élevés; les tailleurs de pierres avaient quatre sols et six deniers; comme on couvrait alors l'édifice, on trouve dans le même compte la paye des charpentiers : les chefs avaient neuf sols par jour et les compagnons en avaient huit. C'est ainsi qu'une inscription gravée sur une pierre de marbre noir, en lettres gothiques à l'entrée du donjon, raconte en vers l'histoire de l'édifice :

> Qui bien considère cet œuvre
> Si comme se monstre et descœuvre
> Il peut dire que oncques tour
> Ne vit avoir plus noble atour.
> La tour du bois de Vincennes
> Sus tours neufves et anciennes
> A le prix : or scavés en ça
> Qui le parfist ou commença
> Premièrement, Philippe roys
> Fils de Charles, comte de Valois
> Qui de grand'prouesse habonda
> Jusques sur terre la fonda
> Pour s'en soulacier et esbâtre,
> L'an mil trois cent trente-trois et quatre.
> Après vingt et quatre ans passés
> Que Philippe était trépassez,
> Le roi Jean, son fils, cet ouvrage
> Fist lever jusqu'au tiers estage.
> Dedans trois ans par mort cessa
> Mais son fils Charles roi laissa
> Qui parfist en brèves saisons
> Tours, pons-levis, fossez maisons:
> Nez fut en ce lieu délectable
> Pour ce, l'avait très agréable.

Ces vers sont, dit-on, de la composition de Philippe Ogier, secrétaire du chambellan de Charles V; ils indiquent, comme on le voit, que le donjon fut commencé en 1337, que vingt-quatre ans après le roi Jean le fit élever au troisième étage et que Charles V le fit achever.

Outre le donjon, le château était composé de huit tours dans lesquelles logeaient les princes de la maison royale et les gens de la cour. Au nord se trouvait la tour principale ou porte du village, qui était surmontée d'un toit en pointe ; elle servait d'entrée au château du côté du bourg et fut réparée en 1859, c'est la seule qui soit encore entièrement existante; à droite de celle-ci était la tour de Paris ; à l'est, du côté du bois, était la tour du Diable qu'on a appelé aussi tour de Calvin, à cause de plusieurs de ses disciples qui y furent enfermés plus tard ; la tour du Gouvernement, dite encore du Gouverneur, ayant porte et pont-levis et la tour des Salves, appelée aussi petite tour ou tour de la Surintendance. Sur la façade sud du château se trouvait à l'angle sud-est la tour de la Reine et à l'angle sud-ouest la tour du Roi; entre les deux se trouvait une tour qui fut abattue en 1660 et remplacée par une porte en arc de triomphe, exécutée par Lenau.

La hauteur de chaque tour était de 31 mètres 60; la tour du village seule a une élévation de 34 mètres 56 jusqu'à la plate-forme. Toutes ces tours étaient réunies par des murs fort élevés et garnis de meurtrières et de créneaux. Quant au donjon toujours existant, il était entouré d'un fossé de 13 mètres de profondeur sur 7 de largeur et garni de de pierres de taille : le haut de ce fossé était surmonté d'une galerie couverte bordée de meurtrières, les quatre angles étaient flanqués d'une tourelle qui faisait saillie sur le fossé. Cette galerie formait au pied du donjon une cour fermée dans laquelle se trouvait une petite chapelle en style gothique, c'était l'oratoire royal du donjon, il était consacré au saint sépulcre de Jérusalem. On pénétrait dans l'édifice par un pont-levis donnant dans l'intérieur du château. Ce pont-levis entouré de murailles crénelées n'existe plus aujourd'hui. Le donjon, dont les murs ont une épaisseur de trois mètres, atteint une élévation de 52 mètres. On arrive à la plate-forme du sommet par un escalier de 237 marches. Il y a, à son cinquième étage une galerie extérieure qui servait de chemin de ronde aérien où peuvent se promener ceux qui ne redoutent pas le vertige. « Le comble de cette tour du donjon, dit Poncet de la Grave, forme une terrasse cintrée dont la coupe des pierres est très curieuse ; de cette position, on jouit de la vue la plus charmante.

A un des angles de cette terrasse, s'élève à une hauteur assez considérable une guérite ou donjon bâtie en pierres d'une délicatesse surprenante. »

Il fallait, à cette époque, pour arriver à l'entrée du donjon, passer trois portes fortifiées et percées de machicoulis; la masse carrée du donjon est flanquée à ses quatre angles de tourelles rondes, mais octogones à l'intérieur. Chacun de ces cinq étages est fermé par une grande salle gothique voûtée ; un seul pilier placé au milieu en soutient la voûte. A cette grande salle communiquent les chambres octogones correspondant aux tourelles. La salle du rez-de-chaussée était occupée par les cuisines; le premier étage par le roi ; l'escalier du roi tournait en spirale dans la tourelle sud. Le second étage, où étaient de belles cheminées gothiques, était habité par la reine; les trois autres par les oficiers de service à la cour.

A l'angle sud-ouest des fossés de la grande enceinte, à quelques mètres au-dessus du fond de ces fossés, se trouvait l'entrée d'un souterrain qui, passant sous le bois de Vincennes, allait, dit-on, aboutir à Charenton, dans le domaine de Séjour. On a, plus tard, retrouvé l'entrée de ce souterrain, mais on n'a pu découvrir ni sa trace, ni l'endroit où il aboutissait. Sa voûte, à l'entrée, est en forme d'ogive, un homme grand peut marcher droit sous la clef de voûte. A quelques pas de cette entrée, le souterrain est obstrué par les racines des arbres plantés au-dessus et, à moins de trois cents mètres, on se trouve en présence d'un vieux mur qui intercepte le passage et qu'il faudrait percer pour voir ce qu'il y a ensuite.

Suivant l'abbé de Laval, qui est l'auteur de ces recherches intéressantes, ce souterrain pourrait bien aller aboutir à la tourelle qui faisait l'angle nord-ouest du parc de Vincennes et dont nous vous avons parlé précédemment.

Lorsque la maison royale de Vincennes avec son donjon, ses tours et ses remparts, eut tout à fait pris l'air d'une forteresse, il fut décidé que les habitants de Montreuil et de Fontenay y feraient le guet; ceux de Montreuil devaient fournir quatre hommes chaque soir et ceux de Fontenay, deux. Le roi avait ordonné qu'on leur fournirait de grands manteaux de gros drap rouge après lesquels le chaperon tiendrait, semblables à ceux que Du Guesclin faisait porter à ses hommes d'armes. Le portier du château avait la garde de ces manteaux et leur donnait le soir en entrant. Le comte de Tancarville, capitaine du château et Jean Sauvage, son lieutenant, eurent dans le début, beaucoup de peine à faire exécuter ce réglement. Les paysans alléguèrent que Vincennes n'était qu'un lieu de plaisance et se prétendirent affranchis de toute servitude; de plus, comme les terres des environs servaient aux chasses royales ils se plaignirent que les lièvres faisaient beaucoup de dégât dans leurs vignes et dans leurs champs. Après des informations prises sur ces divers sujets de plaintes, on condamna les habitants de Montreuil à fournir deux hommes au guet et ceux de Fontenay à en fournir un ou à payer seize deniers par chaque défaut.

Charles V se plaisait dans le nouveau château, comme on se plaît d'ailleurs dans une demeure que l'on a fait bâtir; il y fit tenir, en 1371, une sorte de Concile composé d'archevêques, d'évêques, d'abbés et de docteurs en théologie et en droit, pour déterminer quel était le pape que l'on devait regarder comme légitime; il fut décidé que ce serait Clément VII.

En 1378, il eut au château (certains historiens disent que ce fut au domaine de Beauté) une entrevue avec son oncle Charles IV, empereur d'Allemagne, accompagné de son fils Wenceslas qui venait d'être élu roi des Romains. Le père venait d'accomplir un pèlerinage à Saint-Maur-les-Fossés « mais, combien qu'il eut sa dévotion, il venait aussi pour voir le roi, la reine et leurs enfants et pour leur présenter son fils ». On lui fit beaucoup d'honneurs, il y eut des harangues, des festins, on lui fit faire une entrée solennelle à Paris; cependant on eut soin qu'il ne fît point son entrée à Paris sur un cheval blanc, car cet honneur n'appartenait qu'au roi et l'on craignait que l'empereur ne s'en prévalût. Pendant les années 1373, 1374 et 1375 le roi acheta beaucoup de terre aux environs du bois pour agrandir la garenne du château et en 1378, il fit commencer les fondements de la Sainte-Chapelle actuelle qu'il dédia à la Sainte-Trinité et à la Sainte-Vierge, mais il mourut presque aussitôt et cet ouvrage resta pour longtemps inachevé.

Origine du village de Vincennes

Dans sa « Vie de Charles V », Christine de Pisan nous apprend que ce prince avait eu l'intention de faire de Vincennes une ville fermée, c'est-à-dire un bourg enclos de murailles et que pour cela il avait établi en « beauls manoirs » la demeure de plusieurs chevaliers et leur avait assigné à chacun une rente viagère; il voulut aussi que ce lieu fût franc de toutes redevances et impôts.

D'ailleurs, depuis quelques années,

il s'était formé une agglomération de maisons du côté de la façade nord du château et, en 1384, Charles VI, ayant fait construire à cet endroit de nouveaux bâtiments, il se forma devant la tour principale une grande place carrée que l'on appelle la basse cour, *curia-inferior*.

Un peu plus au nord, et, de même que la basse-cour, sur le territoire de Montreuil, se trouvait le hameau de la Pissotte, dont on entend parler pour la première fois sous le règne du roi Jean, dans une charte datée du mois de mai 1360, dans laquelle les habitants du hameau sont exemptés de toutes prises, c'est-à-dire des droits de gite et de nourriture qu'ils devaient à la cour quand elle venait au château ; en revanche, ils étaient chargés d'entretenir les fontaines et ruisseaux qui traversaient le bois pour se rendre dans le parc formé à côté du château.

Par une autre charte de 1364, ces mêmes habitants furent, de plus, exemptés de toutes tailles ou impôts; dans cet acte, il est fait mention des eaux de Bagnolet et de Montreuil qui se rendaient à Vincennes par un canal creusé dans la terre argileuse et que les habitants appelaient le rû orgueilleux.

Quant à ce nom de la Pissotte donné au village, il vient probablement du bas latin *pista*, chaumière, qui désignait peut-être la réunion de plusieurs habitations de cultivateurs ou du nom de quelque ruisseau descendant des collines voisines.

Le Château sous Charles VI et ses successeurs

Ce village, ainsi formé, ne grandit pourtant pas rapidement; il resta même pendant longtemps ce qu'il était alors. Charles VI n'habita que très rarement le château mais, en 1417, la reine, son épouse, s'y retira suivie d'une cour nombreuse. C'était là qu'elle se livrait à son inclination galante ; elle aimait alors Louis Bourdon, beau chevalier qui s'était distingué à la bataille d'Azincour. Un jour qu'il allait à Vincennes, selon son habitude, il rencontra le roi; il le salua, mais sans descendre de cheval et continuant au contraire de pousser sa monture au grand galop. Ses amours avec la reine étaient publics, mais cette audace augmenta la colère du roi qui se vengea de cette insolence en le faisant mourir.

Plus tard, sous cette même Isabelle de Bavière, les Anglais s'emparèrent du château et l'occupèrent jusqu'en 1432 où Jacques de Chabannes l'enleva d'assaut, comme le raconte une ancienne chronique : « Au dit temps des dissensions entre le roi de France et le roi d'Angleterre, messire Jacques de Chabannes réduisit et mit en l'obéissance du roi la ville et le chasteau de Corbeille, et le chasteau du bois de Vincennes, lequel il print pour échielles à l'aide d'ung François Regnié qui s'était rendu Anglais ; il avait nom Ferrières et fust icelui chasteau échiellé par le donjon, et ledit donjon print et y eut gros débat entre les Français et les Anglais, dont ledit messire Jacques demeura maistre... Et depuis icelle prinse du bois de Vincennes fut donné ledit chasteau par le roi Charles audit messire Jacques, rachetable de vingt mille écus, lesquels furent payés dix ans après ou environ. » En 1434, les Anglais reprirent le château et le rendirent ensuite au roi.

Ce fut au moment de la première occupation du château que Henri V, roi d'Angleterre et maître d'une grande partie de la France, vint mourir à Vincennes en 1422, alors que le comte d'Huntington était gouverneur. Vers cette même époque, la cherté étant devenue fort grande, on décida que le bois de Vincennes serait coupé ; il ne le fut heureusement qu'en partie et fut replanté complètement sous Louis XV, comme nous le verrons dans un prochain chapitre.

Charles VI mourut quelques mois après le roi d'Angleterre et Charles VII fut proclamé roi de France, par quelques seigneurs qui lui étaient restés fidèles. Puis, les Anglais furent chassés de toutes les places qu'ils occupaient en France et Charles VII vint tenir sa cour à Paris. Il venait cependant assez souvent au château de Vincennes pour être plus près de sa maîtresse Agnès Sorel, qui habita longtemps le château de Beauté. Elle eut deux filles du roi, dont l'une naquit au château de Beauté et l'autre au donjon.

En 1461, Charles VII, s'étant laissé mourir de faim, de peur d'être empoisonné par son fils, celui-ci lui succéda et vint souvent habiter Vincennes.

Mais bientôt les seigneurs se révoltèrent contre l'autorité royale, formèrent la ligue du bien public et, en 1464, vinrent camper près du château. Puis, le 19 Octobre, ils signèrent la paix à Saint-Maur-les-Fossés. Dans ce traité, le roi accorda tous les avantages qu'on lui demanda, mais avec la ferme intention de ne pas tenir ses promesses. Aussi, en 1482, il envoya au Parlement plusieurs édits contraires au bien de l'Etat, pour les faire enregistrer; mais La Vacquerie, premier président, vint à la tête de ses collègues, trouver le roi au bois de Vincennes et lui dit. « Sire, nous venons remettre nos charges entre vos mains et souffrir tout ce qu'il vous plaira plutôt que d'offenser nos consciences. Le roi perfide feignit d'être touché de ces remontrances, il révoqua quelques-uns de ces édits et adoucit les autres.

Ce fut entre Vincennes et Picpus que Louis XI passa en revue la milice Bourgeoise de Paris, formée de 8000 hommes (80000 d'après Poncet de la Grave) tous vêtus de hoquetons rouges avec une croix blanche.

La Sainte-Chapelle

Nous avons vu précédemment que Saint-Louis avait fait construire dans l'intérieur du château une chapelle qui, comme tous les édifices religieux bâtis à cette époque, avait pris le nom de Sainte-Chapelle. En 1378, Charles V en fit commencer une nouvelle qu'il dédia à la Sainte-Trinité et à la Sainte-Vierge ; il la fit construire dans le même style que celle de Saint-Louis, comme le prouve une base de colonne récemment trouvée enfouie dans la cour du château. Cette base de colonne appartenait à la Sainte-Chapelle bâtie par Saint-Louis et elle est à peu près identique à celles qui existent actuellement dans le nouveau monument. Du reste tant que dura la construction de cette nouvelle chapelle, celle de Saint-Louis resta debout et servit de modèle aux architectes successifs du nouvel édifice. C'est ce qui explique pourquoi ce dernier monument, bien que n'ayant été terminé qu'au xvie siècle, est du style du xiiie.

Les troubles qui agitèrent la France à cette époque empêchèrent l'achèvement de l'édifice ; Charles VIII la porta à la hauteur des travées ; il l'aurait probablement achevée s'il n'avait pas été continuellement occupé par ses expéditions en Italie et si sa mort précipitée ne l'avait empêché de mettre ses projets à exécution.

François Ier continua l'œuvre de ses prédécesseurs en contribuant à l'achèvement de l'édifice. Ce fut surtout la publication du rondeau suivant qui l'y décida :

Puis huit vingt ans, cinq rois passant ce cours
M'ont délaissée au trépas sans secours
Et sans avoir, par nul moyen tendu
Qu'ung seul ouvrier est à moi entendu
Pour me parfaire ainsi j'ai attendu
Puis huit vingt ans.
Remède quel ? suivant mon erre cours
Au triomphant roi François ai recours
Espère y prendre à bonne heure et temps du
Son franc vouloir magnanime entendu
Rendra croissant ce qui tombe en décours
Puis huit vingt ans.

Ce rondeau, dû à la plume d'un nommé Dubois, dit Crétin, trésorier de la chapelle, fit exécuter quelques travaux qui furent bientôt arrêtés. Neuf ans après, Dubois se fit de nouveau l'interprète des vœux de la Sainte-Chapelle :

La suppliante à la pluie et au vent
Sans nul taudis, couverture en auvent
Voire en péril éminent de morfondre...
Vous plaise donc rendre icelle accomplie
Afin que Dieu à Messe et à Complie
Y soit servi, et puissiez mériter
Loy éternel qui peut l'âme hériter
Ainsi aurez, pour bien petites sommes
Grâces de Dieu et louanges des hommes
Mieux que pis.

François Ier y fit alors travailler jusqu'en 1531, et elle en avait grand besoin car, depuis cent soixante ans qu'elle était commencée, elle n'avait encore atteint que la hauteur des vitraux. Les travaux faits sous François Ier se reconnaissent facilement par la présence de salamandres sculptées sur l'édifice ; on sait que ce prince avait pris la salamandre pour emblème.

Henri II fit construire, de 1547 à 1552, la sacristie surmontée du trésor destiné à conserver les reliques ; il fit terminer les magnifiques boiseries sculptées du sanctuaire et poser les stalles de chaque côté du chœur; entre les stalles, le trône du roi faisait face à l'autel. Le chapitre royal célébra pour la première fois son office dans la nouvelle chapelle, le 15 août 1552, en présence de Henri II et de toute sa cour.

Ce fut aussi ce roi qui fit établir les vitraux de la nef et des côtés. Ces vitraux furent peints par Jean Cousin, sur des dessins que l'on prétend être de Raphaël. Bien que la chapelle ait été restaurée et transformée en 1855, cette antique description que nous allons citer ne perd pas de son intérêt :

« Elle est d'un assez beau dessin gothique avec quantité d'ornements. Les voûtes sont d'une hardiesse surprenante et ont au plus 3 pouces (9 centimètres) d'épaisseur ; elles sont construites avec de très petites pierres artistement taillées, que l'on voit à nu dans les combles sans aucune charge. La charpente, toute en bois de châtaignier est un chef-d'œuvre de légèreté et de hardiesse. La flèche a été détruite mais jamais réparée. Les vitraux supérieurs ainsi que les peintures des voûtes portent partout la devise du croissant, que Henri II avait prise par amour pour Diane de Poitiers, sa maîtresse chérie. Partout on voit des H et des croissants : ses chiffres et ceux du roi sont entrelacés dans les vitraux et voûtes avec des cors de chasse, des chiens, des croissants et des cornes d'abondance. Diane est même représentée dans le Purgatoire, au vitrail du milieu de la nef de gauche (1). On la distingue par un ruban bleu que le peintre a mis pour servir de bandeau à ses cheveux car, du reste, elle est représentée toute nue, et la figure est son vrai portrait. Les connaisseurs admirent ce morceau comme un chef-d'œuvre de la nature et de l'art. L'autel de cette Sainte-Chapelle est bien peu analogue à l'élégance du bâtiment, il ne serait tout au plus supportable que pour un mauvais village. Le sanctuaire est superbe et il en est peu en France de plus majestueux. Le trône du roi occupe le centre et les trésoriers, chantres et chanoines, sont dans de majestueuses stalles situées des deux côtés ; les sacristies, grande et petite, sont fort bien voûtées et les archives bien entretenues.

La nef renferme trois chapelles : celle de Saint-Martin, qui sert de paroisse, est à droite, Saint-Jean à gauche et, dans le milieu, la Sainte-Famille. Elle est très mal pavée et sans lambris. Dans le fond de la Sainte-Chapelle est une galerie destinée à l'emplacement d'un orgue, mais il n'y en a pas. Cette chapelle a d'assez beaux ornements et un trésor peu considérable, dans lequel cependant on distingue une croix d'or ornée de pierreries, qui renferme un morceau assez considérable du bois de la vraie croix, et un bassin en cuivre rouge des Indes en forme de cuvette, qui a cinq pieds de circonférence, où sont des figures représentant des Persans et des Chinois. On y voit un roi, sur une espèce d'estrade, avec des gardes à côté, ce qui est répété deux fois ; beaucoup de chasses de tigres, lions et léopards ; en deux endroits quelques mots arabes qui regardent quelque famille de cette nation. Ce bassin représente aussi plusieurs hommes en carquois et bouclier ; ces figures sont ciselées dans le cuivre, et tout ce qui a été ciselé est rempli d'argent. Il est vraisemblable que ce bassin a servi aux purifications qui étaient fréquentes chez les Orientaux et qu'il a été apporté au retour des Croisades, il a servi en France aux baptêmes des enfants des rois et de quelques princes du sang.

Le bassin dont il est question dans cette description a disparu au moment de la Révolution ; en 1791, puis il est entré au Louvre le 26 juillet 1793, où il se trouve encore aujourd'hui.

A cette époque, la Sainte-Chapelle était desservie par un chapitre composé d'abord d'un trésorier, chef de chapitre, d'un chantre, de sept chanoines, quatre vicaires et deux clercs.

Les assemblées des chevaliers de l'ordre militaire et religieux de Saint-Michel furent transférées du mont Saint-Michel à la Sainte-Chapelle de

---

(1) Dans une autre verrière, on voit le roi Henri II lui-même, à genoux devant son prie-dieu et revêtu du manteau et du collier de l'ordre religieux et militaire de Saint-Michel. La plupart des sujets de ces tableaux ont été inspirés au peintre par symboles mystérieux décrits dans l'Apocalypse qui est, comme on le sait, une histoire prophétique de l'Église, révélée à Saint-Jean.

Vincennes, en septembre 1557; elles ont continué à s'y tenir jusqu'au mois d'avril 1728.

En 1791, les chanoines de la Sainte-Chapelle ayant refusé de prêter serment à la Constitution civile du clergé, furent expulsés par ordre de la municipalité de Vincennes, le 15 avril, à cinq heures du matin, au moment même où ils chantaient l'office. La chapelle fut fermée jusqu'au 16 juin, date à laquelle les assemblées primaires commencèrent à s'y réunir. A cette époque les fenêtres étaient en bien mauvais état, car, en 1788, un ouragan avait détruit les vitraux de la rosace placée au-dessus du portail et endommagé les verrières du côté méridional de l'édifice. Les vitraux des trois grandes fenêtres de chaque côté de la nef furent détruits quelque temps avant 1793, ils représentaient les portraits en pied de tous les chevaliers des ordres de Saint-Michel et du Saint-Esprit, en grand costume. Quant à ceux du sanctuaire, ils furent transportés à l'ancien musée des Augustins d'Alexandre Lenoir et réinstallés en 1816, mais ils étaient mutilés, et on replaça mal les débris. Ce n'est que dernièrement qu'un peintre verrier de grand talent, M. Oudinot, a su les rétablir dans leur état primitif.

Les Minimes

Dans un précédent chapitre, nous avons vu que Louis VII avait établi dans l'ancien collège romain du Bois de Vincennes des chevaliers de l'Ordre de Grammont. Henri III essaya de les remplacer par des Hiéronimites de Pologne, mais n'ayant pu y parvenir, il y fit venir, en 1585, des Minimes du couvent de Nigeon. Ces Minimes, outre les avantages que possédaient leurs prédécesseurs, prélevaient encore la dîme sur les récoltes des habitants de Fontenay, de Montreuil et des environs.

Ces habitants leur intentèrent même à différentes reprises des procès dans le but de se débarrasser de cet impôt injuste et onéreux.

L'auteur de la Monachologie nous a donné de ces moines le pittoresque, mais peu flatteur signalement qui suit : « Moine, minime, imberbe, tête garnie de poils, avec une tache ronde, nue dans le milieu ; les pieds chaussés, le derrière culotté ; tunique de laine, ample et noire ; capuchon triangulaire, mobile, ponctué, raide, formé de deux draps cousus ensemble, ce qui lui donne, lorsqu'il a la tête couverte, l'air d'un animal cataphracté ; le collier noir, bordé de blanc ; les manches larges, repliées sur le poignet, formant au coude un sac, qui descend jusqu'aux genoux, postérieurement plus bas, formant une queue large ; il est divisé par toute sa longueur par une suture longitudinale qui le traverse par le milieu, et par deux autres sutures triangulaires, dont l'antérieure a son angle dirigé vers la poitrine, et la postérieure son angle dirigé vers les fesses ; le cordon de laine cylindrique augmenté d'un autre, orné de deux régions de nœuds, cinq à chaque, tombant sur l'extrémité inférieure droite. Les téguments intérieurs dont il ne se dépouille jamais, pas même la nuit, ont une odeur d'huile très forte. Le moine minime est gras au toucher, sa démarche est imbécile et incertaine, il exhale une odeur rance qui soulève l'estomac et cause des nausées. Rien de plus infect que les vents dont il est rempli ; il n'a ni poux, ni puces, ni aucun des autres insectes qui fuient l'huile. Il chante, au milieu de la nuit, d'une voix criarde ; le jour, il demeure couché, à rien faire ; il perd son temps et son huile (1).

« Il rejette la chair, le laitage et les œufs et ne se nourrit que de poissons et de végétaux, qu'il arrose abondamment d'huile, il étend sa cuisine fétide sur les oiseaux aquatiques, tels que les macreuses, les sarcelles, les poules d'eau...

« Il est tourmenté continuellement par une soif inextinguible et pressé sans cesse par l'aiguillon de la chair.

« Il est probablement androgyne ; on n'a jamais pu découvrir dans cette espèce l'individu femelle (2).

---

(1) Allusion à un proverbe ancien : *Operam et oleum perdit*.

(2) Il a pourtant existé des Minimes femmes en Espagne.

«Ce moine habite les villes et les bourgs. Cette espèce a pris naissance dans la Calabre; elle eut pour père François de Paule, et fut mise au jour par le pape Alexandre VI au xve siècle. On dit que ce François, macéré dans l'huile, flottait sur l'eau, et on regarda cette action comme un miracle. Qui ignore cependant que l'huile est plus légère que l'eau? »

Ces Minimes possédaient dans leur chapelle un tableau célèbre de Jean Cousin, représentant le Jugement dernier. Un jour le frère sacristain s'aperçut que la toile du tableau avait été coupée, probablement par un amateur, et avait disparue. On la retrouva, et on plaça le tableau dans la sacristie, d'où il disparut au moment de la Révolution.

En 1784, un arrêt du Parlement supprima les Minimes; et, plus tard, lorsqu'on transforma le Bois de Vincennes, un lac fut creusé à l'endroit où s'élevait leur couvent. On a donné à ce lac le nom de lac des Minimes, pour rappeler le souvenir des moines qui ont habité cet endroit.

Le château sous Louis XIII et Louis XIV.

Depuis la mort de Charles IX à Vincennes, jusqu'à l'avènement de Louis XIII, l'histoire du château offre peu d'intérêt. Henri III, aussitôt rentré en France, avait pardonné à son frère d'Alençon et au roi de Navarre; puis, les querelles religieuses s'étant envenimées, la guerre civile devint, en quelque sorte, permanente. Le donjon ne fut alors considéré que comme une forteresse par les deux partis opposés.

En 1590, les ligueurs s'en emparèrent; Henri IV le reprit en 1591, il en fit alors une résidence royale; ce fut là que la maîtresse du roi, Gabrielle d'Estrées, donna le jour à un fils qui fut plus tard le grand prieur de France, sous le nom de César de Vendôme, et qui mourut dans ces murs qui l'avaient vu naître.

A peine Louis XIII eut-il pris possession du trône de France qu'il vint à Vincennes pour poser la première pierre de nouveaux logis qu'il y fit construire. Cette pierre se trouve sous l'angle du côté du parc, elle porte simplement cette inscription : *En l'an premier du règne de Louis XIII, roi de France et de Navarre, âgé de 9 ans, et de la régence de Marie de Médicis sa mère, 1610.*

Ces magnifiques corps de logis sont situés au midi : le pavillon de l'ouest était destiné au roi et s'appelait pour cette raison pavillon du roi; celui de l'est était destiné à la reine et s'appelait pavillon de la reine. Ils étaient réunis à leurs deux extrémités par une galerie rustique de quatorze arcades; celle de l'intérieur du château a été démolie en 1843; celle située du côté du bois existe encore, mais on y a adossé des ouvrages de maçonnerie qui la masquent complétement.

Un auteur du siècle dernier a décrit ces deux pavillons dans les termes suivants :

« L'aile gauche, en entrant par l'arc de triomphe, est un bâtiment double orné d'un ordre dorique en pilastre; les dedans ont de la grandeur et de la beauté. L'appartement du roi est sur le petit parc; sur la cour royale est celui de la reine Marie-Thérèse d'Autriche, femme du roi Louis XIV; à droite du même corps de logis sont ceux du Dauphin et de la Dauphine... — L'appartement du roi, composé de cinq pièces, a été peint par Champagne (Philippe de Champaigne), aidé de son neveu.

Louis XIV indiqua à cet artiste, pour les sujets à peindre, la paix des Pyrénées et son mariage avec Marie-Thérèse d'Autriche, infante d'Espagne. Après la salle des gardes, qui est la première pièce, vient la salle à manger, ornée de quatre frises des batailles d'Alexandre, peintes par le Mancholle. Dans la salle du trône, le roi paraît sous la figure de Jupiter, ordonnant à la France d'embrasser la Paix. Tous les actes personnifiés embellissent cette composition; plusieurs de leurs attributs sont placés dans la frise, et désignés par des figures de grandeur naturelle, qui tiennent les chiffres du roi et de la reine.

De la salle des gardes, on entre dans l'appartement de la reine. La première pièce, nommée la salle du foyer, est ornée de quatre paysages et d'une marine de Borzon ; ensuite est la salle des dames de la reine. Le même peintre y a peint douze petits paysages avec des marines dans la frise.

Le plafond de la salle du concert est magnifique. Le milieu représente la reine, sous la figure de Vénus, qui donne ses ordres à Mercure ; les Grâces la suivent et Iris l'accompagne. Au-dessous est le groupe de Zéphire et de Flore. Les quatre morceaux qui l'environnent ont été peints d'après les pièces de tapisserie qui semblent avoir été attachées au plafond ; leurs sujets sont l'enlèvement d'Europe, Mars et Vénus, Appollon et Daphné, Hercule et Omphale. A côté de ces tableaux, diverses figures jouent des instruments ; quatre camaïeux en encoignure terminent cette belle composition.

Dans la salle, on voit la reine soutenue par Mercure, qui lui montre Jupiter ; un Génie ailé semble aller au devant d'elle et lui tendre les bras; différentes divinités sont peintes sur ce plafond ; les chiffres du roi et de la reine occupent les encoignures, des figures ailées leur servent de support, d'autres prennent des fleurs dans des corbeilles peintes par Baptiste.

Au plafond de la chambre à coucher, sont Vénus et l'Amour endormis. Le petit oratoire de la reine offre la vie de Sainte-Thérèse, représentée par de Sève, sur les lambris, dans des cartouches de fleurs.

Les deux galeries découvertes, et l'arc de triomphe dans le massif duquel on passe, servent de communication à l'appartement de la reine-mère, dont la chambre à coucher a une entrée sur cette galerie. — La salle des gardes est peinte en fleurs et dorures ; dans la salle à manger paraît le Temps, qui soutient un jeune prince et le remet entre les mains de l'innocence ; des enfants sculptés accompagnent ce tableau, et quatre bas-reliefs achèvent de remplir le plafond. — Au plafond de la salle du Conseil, qui est très bien dorée, on remarque aux encoignures les quatre Parties du Monde avec deux petits tableaux d'enfants qui tiennent des fleurs, et au milieu la Prudence et la Paix.

On voit dans le cabinet d'assemblées un prince soutenu par des Génies, dont le plus grand s'avance vers lui pour le couronner. Les lambris présentent treize morceaux de Borzon.

Au plafond de la chambre à coucher sont les vertus théologales, peintes par Dorigny, et huit petits tableaux de Borzon dans les lambris. L'oratoire de la reine, qui a vue sur le parc, est tout doré, ainsi que le cabinet de toilette donnant sur la cour de derrière.

L'appartement de Monsieur et de Madame est dans l'autre corps de logis, et l'escalier est commun à celui de la reine-mère. La salle des gardes est belle et spacieuse, peinte par compartiments et à fleurs. Le plafond de la salle à manger représente plusieurs sujets d'histoire, avec les chiffres de Monsieur couronnés.

Le salon est superbement doré, et le plafond, fait à compartiments, est orné de plusieurs Nymphes qui folâtrent. On voit dans la chambre à coucher le portrait de Monsieur, dans un médaillon soutenu par la Renommée, avec la légende : *Non nisi grandia canto* (Je ne célèbre que ce qui est grand.)

Enfin le cabinet, qui est très vaste, est peint par Champagne et représente Mars et Bellonne.

Les appartements de la reine-mère, du Dauphin et de la Dauphine, de Monsieur et de Madame sont séparés par des retranchements, et coupés par des entresols qui les déshonorent et dégradent les superbes peintures que le public ne peut voir.

Le grand escalier du roi est un morceau d'une architecture rare et hardie ; il est digne de la curiosité du public, surtout par sa voussure, par la hauteur de sa cage et la longueur des marches.

Ce fut ce château ainsi aménagé que Cromwell visita, en 1626, lors de son voyage en France. On lui fit voir le donjon et les cachots ; il prononça même, au cours de cette visite, un mot typique. Comme on lui faisait remarquer que plusieurs princes y avaient été renfermés, il répondit : « Je le sais, mais il ne faut toucher les princes qu'à la tête. »

Bien qu'à cette époque il y eût des prisonniers à gémir dans le donjon, comme nous le verrons dans un prochain chapitre, Louis XIV vint souvent à Vincennes et y donna même des fêtes. Bien souvent on y fit des représentations théâtrales et des concerts; c'est là que l'opéra commença à s'introduire en France. Il y passa en revue toute la milice bourgeoise de Paris, y signa la création de la compagnie des Indes, la ratification du traité des Pyrénées et, le 22 octobre 1685, cet acte qui porta un coup si funeste à notre commerce en forçant l'élite de la nation à s'exiler et à aller porter ses richesses à l'étranger ; nous voulons parler de la révocation de l'édit de Nantes. En 1686, le roi de Siam, qui commençait à sentir l'influence de l'Europe, envoya au roi des ambassadeurs qui arrivèrent le 29 juin. Ils furent logés au château où des fêtes furent données en leur honneur. Le peuple de Paris qui, à cette époque déjà, était avide de spectacles nouveaux, vint en foule à Vincennes pour les voir ; cette visite des ambassadeurs donna lieu à un incident qui nous prouve que, si les courtisans de Louis XIV étaient flatteurs et bas, ceux du souverain asiatique ne le leur cédaient en rien : un des envoyés refusa de coucher dans la chambre qu'on lui avait préparée parce qu'elle était au-dessus de celle du premier ambassadeur porteur de la lettre du roi de Siam au roi de France et que son devoir lui imposait, disait-il, de se trouver toujours au-dessous de cette lettre.

Ce fut dans le parc du château que commencèrent les célèbres amours de Louis XIV avec Mlle de La Vallière. Elle se promenait, un soir, avec plusieurs de ses compagnes et causait d'un ballet qui venait d'avoir lieu. Ses camarades vantaient beaucoup et louaient plusieurs de ceux qui y avaient dansé. « Peut-on voir de tels hommes, s'écria La Vallière, quand ils sont auprès du roi. » Louis XIV, qui se trouvait seul dans le parc, l'entendit et fut ravi d'être aimé ainsi pour lui-même et l'amour s'empara de lui à son tour.

Mazarin à Vincennes

Le cardinal de Mazarin fut l'un des personnages qui affectionna le plus la résidence du château et qui forma, pour embellir cet endroit et en faire une habitation vraiment royale, les projets les plus grandioses. Il avait résolu d'y établir des eaux semblables à celles qui ornent et animent aujourd'hui les parcs de Versailles et de Saint-Cloud et d'y faire tout ce que Louis XIV fit en ces endroits à grand renfort de millions.

Le cardinal aurait fait construire dans la partie nord du château, deux pavillons semblables à ceux qui existent encore aujourd'hui du côté du bois ; ces quatre pavillons auraient été réunis par des galeries rustiques. Les tours auraient été rasées à la hauteur des remparts ; la Sainte-Chapelle aurait été démolie et reconstruite dans le bois ; enfin, le donjon aurait été affecté à la conservation des archives de l'État.

Mazarin avait encore de plus gigantesques projets pour ce qui concernait le parc et les environs. Ces projets nous sont énumérés par Poncet de la Grave, dans la préface de ses Mémoires sur les maisons royales. « La Marne devait être coupée à Chelles, et un canal formé pour la conduire dans le village de Vincennes. On devait couper les terres de la grande allée vis-à-vis la porte royale à travers le bois, à pente douce et insensible dans toute la largeur du château et des fossés ; la maison des frères de la Charité, qui borne la vue de cette belle allée, détruite et portée aux Minimes dans le bois ; cette opération, outre la vue immense qu'elle procurerait, faciliterait le moyen de se servir de la Marne pour terminer le parc et offrir une pièce d'eau vive qui eut pris son alignement depuis le château de Beauté jusqu'aux Carrières-Charenton ; les terres qui auraient été coupées dans la grande allée devaient être jetées sur les deux côtés et former deux terrasses parallèles et gazonnées sur lesquelles on eût planté de grandes et superbes allées. Les derrières, en ménageant une route de chaque côté, étaient destinés pour être donnés à des seigneurs de la cour à condition d'y bâtir des hôtels uniformes ; le milieu de l'allée, vis-à-vis l'arc de triomphe, eût été un canal ayant sa décharge dans la Marne à l'extrémité du bois, et les eaux dont il eût été pourvu abondamment par cette rivière, passant dans la basse-cour du château, l'eût rendu propre à soutenir des gondoles pour les amusements de la famille royale ; les fossés auraient été remplis d'une eau vive et pure, et deux canaux, formés de chaque côté de l'avenue de Paris, en raccourcissant le transport des denrées dans la capitale, lui auraient procuré un volume d'eau suffisant pour les fontaines publiques, aussi bien que pour les maisons des particuliers. La chute des eaux du canal eût formé autour de Paris un abri pour les bateaux et la décharge finale devait être au-dessous de la porte de la Conférence.

Le cardinal de Mazarin avait encore porté ses vues plus loin : il voulait prendre les terres dans la longueur du château, depuis Vincennes et Saint-Mandé jusqu'à Paris et, sur ce terrain, dont une partie appartenait au roi, faire planter des allées, des bosquets et des bois de décoration jusqu'à la porte du Trône, pour servir de promenade aux habitants de Paris ; une chaussée parallèle à celle du grand chemin actuel eût été construite hors de ces bois pour faciliter les abords du château ; l'une était destinée pour l'arrivée, l'autre pour le retour, de sorte qu'on eût évité toutes sortes d'embarras.

Ce beau projet périt avec le cardinal. Le Trône, monument immortel commencé à la barrière qui en a depuis conservé le nom, fut détruit ; la chaussée immense et construite à grands frais pour former la route publique ne fut pas continuée ; la plantation fut même suspendue, comme si le cardinal eût emporté au tombeau l'esprit et les richesses de la nation. »

Mazarin, en effet, mourut au château le 9 mars 1661, sans avoir pu mettre ses projets à exécution. Son corps resta dans la Sainte-Chapelle jusqu'en 1684, époque à laquelle il fut transporté à Paris.

La Manufacture de Porcelaine de Vincennes

Non seulement le château de Vincennes servit de forteresse, de résidence royale et de prison d'Etat, mais il fut encore le berceau d'une industrie devenue aujourd'hui une de nos gloires nationales.

Aux environs de l'année 1740, deux anciens ouvriers de la manufacture de Chantilly, les frères Dubois, se présentèrent au marquis de Fulvy, ministre des finances, et lui proposèrent d'exploiter avec eux un nouveau procédé pour fabriquer de la porcelaine. Celui-ci accepta la proposition et intéressa le roi Louis XV à l'entreprise ; celui-ci prêta une partie du château de Vincennes pour y établir un laboratoire, et fournit, en outre, une assez forte somme d'argent.

Les premiers essais ne réussirent pas, et les frères Dubois furent renvoyés du château à cause de leurs fréquentes et copieuses libations. On les remplaça par un ouvrier fort intelligent, nommé Gravant, qui commença à fabriquer de la porcelaine tendre.

Gravant vendit le secret de cette fabrication au frère du ministre des finances, à Orry de Fulvy, qui était alors gouverneur du château. Ce dernier s'associa à Charles Adams, sculpteur renommé ; de nouveaux capitaux furent versés ; une Compagnie fut créée, et l'entreprise donna des résultats magnifiques. Cette Compagnie était protégée par un privilège de trente années et la permission d'établir les ateliers dans le château de Vincennes, pour une durée de trente ans, à partir de 1745.

Le directeur de la manufacture était Boileau, homme instruit et intelligent, qui sut s'entourer de savants, tels que le chimiste Hellot, et d'artistes comme Bachelier, Boucher, Van Loo, qui fournissaient les compositions que plus de cent ouvriers étaient chargés de traduire en porcelaine. Un grand nombre de chefs-d'œuvre furent ainsi fabriqués. En 1753, on fit prendre au roi Louis XV un tiers des actions de la manufacture de Vincennes, qui reçut à cette occasion le titre de manufacture royale.

En 1756, la manufacture, ayant beaucoup gagné en importance, fut transportée à Sèvres, dans un bâtiment construit tout exprès. Depuis cette époque, l'établissement n'a cessé de prospérer ni de répandre ses merveilleux produits sur tout le globe ; mais, pendant le peu de temps qu'il fut à Vincennes, il s'y créa cependant un grand nombre de chefs-d'œuvre, dont on peut encore voir plusieurs spécimens au Musée rétrospectif de Sèvres et même au Musée du Louvre (Collection Thiers.)

Replantation du Bois

En 1731, le Bois de Vincennes, dont la superficie était de 1,467 arpents, fut coupé, vendu et complètement replanté d'arbres nouveaux. On dépensa 1,100,000 livres pour ce reboisement ; on perça de nombreuses allées et des ronds-points pour faire de ce lieu une promenade parisienne.

Pour rappeler cet évènement, on éleva sur la route de Saint-Maur, au milieu d'un rond-point, une pyramide en pierres, surmontée d'une flèche et d'un globe doré. Cette pyramide, qui est d'ordre rustique, avec un écusson sur deux des côtés, porte sur l'un d'eux cette inscription :

LUDOVICUS XV
VINCENNARUM NEMUS
EFFECTUM
ARBORIBUS
NOVIS CONSERI JUSSIT

Sur le côté opposé, on lit :

CURANTE
ALEXANDRO LEFFEBVRE
DE LA FALVELLE
MAGNO APUM...
ET SYLVANUM MAGISTRO
AN. M.DCC.XXXI.

Environ deux siècles auparavant, en 1551, Henri II avait déjà fait défricher et replanter le Bois. Plus de 14,000 plants de chênes avaient été achetés à Bondy et repiqués ; on avait, en outre, semé des glands, des marrons, des châtaignes... autres graines de différentes sortes d'arbres. Les 14,500 plants, livrés par les habitants de Bondy, coûtèrent 14 livres 4 sols, ce qui porte le prix... à 8 sols.

... prison d'État

Bien que... rois eussent construit le château... séjour...

d'angoisses et de malheur. Il le transforma en une succursale de la Bastille, en une véritable prison d'État ; il y resta ainsi de 1472 à 1784.

Louis XI nomma un de ses favoris, Olivier le Daim, capitaine-concierge du château, et le logea dans la tour du Village ; il fit faire d'immenses réparations au donjon ; il fit pratiquer des oubliettes et toutes les salles furent transformées en cachots. Celle du premier étage devint la salle de la question, on y établit des sièges de pierre pour placer les malheureux destinés à être torturés et l'on scella dans le mur, de chaque côté, des anneaux de fer pour assujettir leurs membres au moment du supplice. Quand tous ces travaux furent terminés, on enferma dans des cages de fer plusieurs prisonniers enfermés précédemment à Montlhéry et où le roi ne les croyait plus en sûreté, et on les garda sous une sévère surveillance.

A partir de cette époque, c'est-à-dire de 1472, Louis XI n'habita plus le château ; Olivier le Daim en devint en quelque sorte le maître absolu ; il replanta le parc, qui avait été coupé en partie sous Charles VI et dévasté plus récemment par les Anglais, et vécut en véritable châtelain.

Administration intérieure du Donjon

Nous avons vu en donnant plus haut la description de l'édifice, combien était inexpugnable ce géant de pierres avec ses murailles de trois mètres d'épaisseur, ses fossés larges et profonds, cette galerie couverte qui l'entoure à sa base et son unique entrée gardée par deux sentinelles et fermée par trois portes. Mais depuis sa transformation en prison, on avait pris de nouvelles précautions : trois portes fermaient la chambre de chaque prisonnier, celle qui donnait dans l'intérieur du cachot était doublée de fer, les portes étaient garnies de ferrures et de verrous. De petites lucarnes garnies de barres laissaient un jour douteux à l'intérieur, on les avait garnies de barreaux de fer au dedans et au dehors ; un gouverneur zélé fit même garnir ces barreaux d'un tissu de fil d'archal. Du reste, ces ouvertures ne donnaient toutes que sur les cours ou sur les jardins du donjon.

Le château était gardé par des compagnies militaires qui montaient la garde très régulièrement toutes les vingt-quatre heures, envoyaient une ronde toutes les demi-heures et faisaient, le matin et le soir, avant l'ouverture et la fermeture des portes, le tour des fossés.

De plus, deux sentinelles étaient placées de manière à pouvoir veiller sur toutes les faces de la masse carrée que flanquent les tours.

Les sentinelles du dehors faisaient sans cesse circuler les paysans ou les curieux qui examinaient pendant quelque temps le Donjon, en leur disant : « Passez votre chemin. »

Le personnel intérieur et fixe de la prison était composé d'un gouverneur, un lieutenant du roi, un major, un chapelain, un médecin, un chirurgien et un apothicaire. Un cuisinier en chef, deux aides, quatre servants, deux servantes et quatre valets portaient à manger, à boire et ce qui était nécessaire aux prisonniers.

L'ordre, la police et le traitement des prisonniers appartenaient au gouverneur, qui rendait ou plutôt devait rendre compte de toutes choses au lieutenant général de la police et celui-ci au roi.

Les pensions du roi y étaient différentes, suivant les qualités ou dignités des pensionnaires. Pour des princes ou princesses du sang, archevêques et cardinaux, les pensions étaient de 150 livres par jour. Pour les ducs, comtes, pairs, évêques, présidents à mortier et autres du même sang, elles étaient de 100 livres. Pour les maréchaux de France, grands officiers de la couronne, gouverneurs généraux des provinces et ministres d'État, de 85 livres ; pour les marquis, lieutenants généraux des armées et conseillers des cours souveraines, abbés, commandataires et autres du même rang, de 75 livres. Enfin, les maréchaux de camps et armées, commandants et lieutenants du roi, n'avaient que 60 livres par jour.

Quant aux simples mortels, on pense bien que leurs pensions n'étaient pas si élevées et qu'ils n'étaient, par conséquent, pas aussi bien traités. Le plus souvent, on les pendait haut et court ; c'était plus expéditif et, surtout, plus économique.

Mirabeau, qui fut enfermé quelque temps au donjon, nous a donné sur l'arrivée d'un prisonnier et sur la manière dont il était traité, les détails intéressants qui suivent :

« C'est ordinairement la nuit qu'il y est plongé, car on s'accoutume en France à la méthode espagnole qui, du moins, est une sorte d'hommage que le despotisme rend à l'opinion publique et à l'équité ; il craint d'exciter trop souvent l'indignation ou la terreur ; il craint que le soleil n'éclaire ses violences. La faible lueur d'une lampe vraiment sépulcrale éclaire les pas du captif. Deux conducteurs, semblables à ces satellites infernaux que les poètes placent dans le Ténare, guident sa marche. Des verrous sans nombre frappent ses oreilles et ses regards ; des portes de fer tournent sur leurs gonds énormes et les voûtes retentissent de cette lugubre harmonie. Un escalier tortueux, étroit, escarpé, allonge le chemin et multiplie les détours ; on parcourt de vastes salles ; la lumière tremblante qui perce avec effort dans cet océan de ténèbres et laisse apercevoir partout des cadenas, des verroux et des barres, augmente l'horreur d'un tel spectacle et l'effroi qu'il inspire. Le malheureux arrive enfin dans son repaire : il y trouve un grabat, deux chaises de paille et souvent de bois, un pot presque toujours ébréché, une table enduite de graisse... et quoi encore?... Rien... Imaginez l'effet que produit sur son âme le premier coup d'œil qu'il jette autour de lui..... Le malheureux patient est dépouillé de tous ses effets : argent, montre, bijoux, dentelles, porte-feuille, couteau, ciseaux ; tout lui est enlevé. Pourquoi ? Je l'ignore...

» Suit une injonction laconique et hautaine d'éviter le bruit le plus léger... C'est ici la maison du silence, dit le commandant... Hélas ! le malheureux auquel il parle se demande si ce n'est pas plutôt celle de la mort. »

» Une fois incarcéré, on donnait au

prisonnier un bouilli et une entrée ; le menu était le même pour toute l'année ; cependant, le jeudi il y avait un rôti et une entrée à souper. De plus, on avait droit à une livre de pain et une bouteille de vin par jour.

» Les prisonniers qui voulaient se nourrir à leurs frais payaient trois livres par repas ; ils n'en étaient pas beaucoup mieux pour cela. On donnait aussi à chaque détenu quatre serviettes et deux torchons par semaine, une paire de draps par mois ; six chandelles par semaine en été et huit en hiver. Il leur était interdit de posséder un couteau dans la prison ; ils étaient obligés de dépecer la viande avec leurs doigts et à l'aide d'une fourchette d'étain. Ils dînaient à 11 heures du matin et soupaient à 5 heures du soir, dans toutes les saisons, ce qui les laissait dix-huit heures sans prendre aucune nourriture et six heures seulement entre chaque repas.

» La nourriture était non seulement insuffisante mais encore de mauvaise qualité et c'est ce chapitre qui formait le plus clair des revenus du Gouvernement. Lorsque le lieutenant-général de police venait au Donjon pour y faire l'inspection qui lui incombait, il était tout d'abord reçu chez le commandant où l'attendait un splendide repas. L'amphytrion laissait entrevoir que son cuisinier était celui du Donjon, ce qui donnait à l'inspecteur une bonne impression ; puis, lorsqu'il était bien restauré, il faisait la visite des cachots où il passait à peu près une heure et ne voyait à peine que la moitié des prisonniers ; ceux-ci, occupés avant tout de solliciter leur mise en liberté, ne pensaient même pas à se plaindre du traitement et, chaque année, le roi recevait de magnifiques rapports sur les prisons d'Etat. Pour obtenir quelques feuilles de papier à lettre, il fallait faire plusieurs demandes au gouverneur, par l'intermédiaire d'un porte-clefs ; au bout de quelques mois, on obtenait enfin ce papier paraphé et numéroté ; il était interdit de cacheter ses lettres, même quand elles étaient adressées au lieutenant de police ou à un ministre. Pour obtenir un livre, il fallait ouvrir de nouvelles négociations : le gouverneur ne voulait prêter qu'un volume à la fois ; lorsque celui-ci était lu, il fallait attendre assez longtemps avant d'en obtenir un autre ; enfin on ne prêtait aucun livre qui ne portât la mention *avec privilège et approbation*, lors même cet ouvrage eût été l'œuvre d'un des pères de l'Église.

» Chaque jour, on permettait à quelques prisonniers (les plus favorisés), de sortir une heure dans un jardin de trente pas situé au pied du Donjon.

» Ceux-ci étaient accompagnés de leur porte-clefs qui ne devait pas les quitter un instant, ni leur adresser la parole. On pense bien que le porte-clefs faisait tout ce qu'il pouvait pour que la promenade, qui était pour lui une corvée, eût la plus courte durée possible. » Au moment où Mirabeau écrivait, la moitié des prisonniers était privée de cette sortie, il y avait même au donjon un homme qui n'était pas sorti de son cachot de dix pieds carrés, depuis dix ou quinze ans.

Quand on pense que beaucoup de ces malheureux ont été enfermés ainsi pour avoir déplu à une favorite !...

Nous ne pourrions mieux terminer ce chapitre que par ces paroles mêmes de l'illustre tribun :

« Telle est la vie que l'on mène dans ce sépulcre appelé Château, où les chagrins vengeurs et les pâles maladies, et la triste et précoce vieillesse, ont fixé leur demeure et dont on ne sort le plus souvent que pour aller dans cet asile sûr où l'on brave la tyrannie ; où l'on dépouille la douleur ; où la superstition même perd ses craintes ; où Dieu, plus indulgent et plus juste que les hommes, pardonne à nos faiblesses et punit nos tyrans ; où, plongés dans un éternel sommeil, les malheureux cessent de se plaindre, les méchants de persécuter, les amants de se consumer dans d'inutiles désirs et de répandre des pleurs... Pleurs cruels qui abattent le cœur et ne le soulagent pas. »

Les prisonniers du Donjon

Ainsi aménagé et administré, le Donjon reçut pendant trois siècles un grand nombre de prisonniers plus ou

— 20 —

moins illustres. Dans cette longue liste de malheureux, c'est à peine si l'on peut en trouver quelques-uns qui se soient rendus coupables d'un véritable crime. Presque tous furent victimes de la tyrannie, de la royauté, beaucoup furent ainsi emprisonnés sur le simple caprice d'une courtisane.

Le premier dont l'histoire fasse mention est Enguerrand de Marigny, dont nous avons parlé précédemment et qui fut enfermé bien avant que le Donjon ne soit transformé en prison.

En 1556, on y mit en sûreté un certain nombre de prisonniers de guerre espagnols. Le plus important de ces derniers était un gentilhomme, Philippe de Crony, duc d'Arcos. Ce prisonnier était tendrement aimé d'une jeune veuve, sa cousine, nommée Françoise d'Amboise. Celle-ci, à l'aide d'un déguisement, pénétra dans le château et enivra le jardinier du Donjon ; lorsque fut arrivée l'heure à laquelle Philippe de Crony venait au jardin situé au pied de la prison pour passer quelques minutes, elle bâillonna le jardinier ; puis ils le dépouillèrent de ses vêtements, le gentilhomme s'en revêtit et ils sortirent du château sans encombre. Quelque temps après, on retrouva Françoise d'Amboise dans un couvent et on l'enferma dans le cachot qu'avait habité son cousin. Comme on savait qu'elle était fervente catholique, on enferma avec elle deux des calvinistes exaltés dont les prisons commençaient à se remplir. Parmi ceux-ci se trouvaient alors au château le comte de Haram, de Soncelles, le bailli de Saint-Agnan et Gaspard de Heu, sire de Buy, gentilhomme lorrain. On mit ce dernier à la question pour lui faire avouer des crimes imaginaires, on lui fit craquer ses os, le sang jaillit, mais pas une plainte ne sortit de sa bouche. Voyant qu'on ne pourrait rien tirer de ce gentilhomme, Monsieur de Guise le fit pendre à une potence élevée au pied du Donjon.

Sous Charles IX, en 1562, sur le bruit qui se répandit que les réformés faisaient des prêches au château de Vincennes, le Parlement ordonna au capitaine qui commandait le château de les en empêcher. On fit même enfermer Saint-Léger, qui était un officier calviniste, il voulut garder dans son cachot une levrette qu'il affectionnait beaucoup ; on le lui refusa. Mais le lendemain le pauvre animal revint seul à Vincennes et se mit à aboyer sous les fenêtres du Donjon, de manière à être vu par son maître auquel il témoigna sa joie par des sauts et des bonds ; celui-ci lui jeta une partie de son pain. Grâce au guichetier qui, par un sentiment d'humanité facile à comprendre, ferma les yeux sur ce qui se passait, la levrette de Saint-Léger revint tous les jours pendant les quatre ans que dura la captivité de son maître. Comme il mourut quelques mois après sa mise en liberté, la levrette crut qu'il était de nouveau enfermé et revint au château ; le guichetier la recueillit et chaque jour elle venait tristement contempler, pendant des heures entières, les fenêtres de l'ancien cachot de Saint-Léger.

Vers la même époque, le roi étant très malade, il se fit une alliance secrète entre le roi de Navarre, qui devait être plus tard Henri IV et le duc d'Alençon, frère du roi, pour s'emparer du trône lorsqu'il serait vacant. Ce complot fut révélé à la reine-mère, celle-ci feignit de tout ignorer ; elle fit transporter le roi à Vincennes et invita le duc et le roi de Navarre à prendre place dans son carrosse. Ceux-ci se rendirent à l'invitation sans hésiter, mais ils furent bien surpris, quand ils mirent pied à terre de se trouver dans la cour du Donjon, entourés d'officiers qui semblaient n'attendre qu'un mot de la reine pour s'emparer de leur personne. On les garda en effet au château, avec les maréchaux de Montmorency et de Cossé, qui étaient des amis dévoués d'Henri de Navarre.

Ce fut peu de temps après, le 31 mai 1574, que Charles IX, rongé des remords de la Saint-Barthélemy, consumé par une fièvre lente, mourut au château. Le Parlement députa à la reine-mère, à Vincennes, des envoyés pour la prier d'accepter la régence pendant l'absence de Henri III, alors en Pologne. Celui-ci, aussitôt qu'il apprit la mort de son frère, s'empressa d'abandonner son trône de Pologne pour accourir en France. La reine-mère partit de Vincennes, le 15 août, pour aller au devant de lui; elle séjourna à Lyon et le ramena au château de Vincennes d'où elle se rendit dans la capitale. Ce prince revint dans ce château en 1575, où il passa les mois de mars, avril et mai, il s'y retira en 1583. Il n'était à ce moment accessible qu'à ses favoris, qu'il appelait ses mignons ; il se livrait à tous les excès de la débauche, qu'il mêlait aux pratiques les plus superstitieuses ; il fut accusé d'avoir fait dans ce château des ablations avec le diable. Il revint au château, en 1585, passer quinze jours qu'il consacra à des exercices de piété.

Pendant le règne de Henri IV, on entend peu parler de prisonniers au château : ce ne fut que sous Louis XII que le Donjon et les tours commencèrent de nouveau à se remplir de prisonniers. Le premier qui y fut jeté, sous la régence de Marie de Médicis, fut le prince de Condé, premier prince du sang, qui s'était mis à la tête d'un parti puissant avec le but de renverser le nouveau roi et de se faire couronner à sa place. Il avait pris pour devise *Barre à bas*, parceque ses armoiries ne différaient des armes des rois de France que par une barre située entre les fleurs de lys. Ce cri de ralliement indiquait donc le désir qu'il avait que cette barre fut ôtée et qu'il pût alors monter au trône de France. Il avait fait entrer dans son parti Vendôme, Mayenne et Bourbon. Bientôt la reine-mère fut avertie de ce complot ; elle fit arrêter Condé et donna des ordres pour s'assurer des trois autres conspirateurs. Mais ceux-ci étaient sur leurs gardes ; il fallut se contenter de la prise de leur chef ; on le conduisit à la Bastille où il resta un an et de là, à Vincennes, dont le comte de Bournonville était gouverneur, et le baron de Persan, commandant.

Ces derniers, ayant paru suspects aux ministres qui gouvernaient alors, furent à leur tour emprisonnés dans le lieu où ils commandaient quelques jours auparavant.

Cependant, la captivité du prince de Condé ne fut pas très rigoureuse ; on permit à son épouse de s'enfermer avec lui ; elle y accoucha d'un fils qui mourut quelques jours après sa naissance. Bientôt, sur les sollicitations du duc de Luynes favori de Louis XIII, on permit au prisonnier de voir ses amis. Pendant une maladie grave dont il fut attaqué sur la fin de mars 1619, le gouvernement enjoignit aux évêques d'ordonner des prières pour sa guérison. Lorsqu'il fut en convalescence on lui donna la permission de sortir du Donjon pour passer dans un appartement du château, d'entendre la messe dans la Sainte-Chapelle et de voir quelquefois chasser dans le bois.

Enfin, le duc de Luynes vint à Vincennes et lui apporta de la part du roi la lettre suivante :

« Mon cousin, je ne vous dirai pas combien je vous aime ; je vous envoie mon cousin le duc de Luynes, qui sait les secrets de mon cœur et vous les dira plus amplement. Venez-vous-en plus promptement que vous pourrez, car je vous attends avec impatience, et cependant je prierai Dieu qu'il vous ait en sa sainte garde.

« Louis. »

Le lendemain, lorsqu'il eut reçu cette lettre, le prince partit avec son épouse trouver le roi à Chantilly et, à partir de cette époque, il le servit loyalement, ne se séparant jamais de ses intérêts.

Au bout de quelques années, il vint au donjon de Vincennes un personnage d'un rang moins élevé. Ce fut le colonel d'Ornano qui avait succédé, en 1621, au comte de Ludes dans la place de Gaston d'Orléans, frère du roi. Il usa de son influence sur ce jeune prince pour satisfaire son ambition, il organisa même un complot contre le cardinal de Richelieu. C'est pour ce fait qu'il fut arrêté, en 1426, avec de Chaudebonne, premier maréchal-des-logis de la maison du roi. On les conduisit séparément au Donjon de Vincennes, commandé par de Hécourt. D'Ornano fut d'abord servi par les officiers de la bouche du roi ; puis on les lui ôta, et le commandant du donjon fut chargé de le faire servir par ses gens. Ce changement effraya beaucoup le colonel, il crut qu'on avait reçu l'ordre de l'empoisonner, refusa de manger ce qu'on lui servit et fit part de ses appréhensions au commandant, qui lui répondit : « Vous avez peur qu'on ne vous empoisonne ; guérissez-vous de cette crainte car, quand le roi le voudra, je vous poignarderai de ma propre main sans m'amuser à vous donner du poison ».

Quelque temps après, d'Ornano fut subitement pris de douleurs d'entrailles et d'une grosse fièvre ; on fit appeler trois des plus célèbres médecins de Paris, mais il mourut presque aussitôt, le 2 mai 1626, à l'âge de quarante-cinq ans, et après quatre mois d'emprisonnement. On fit l'autopsie de son cadavre, on lui trouva de l'eau dans la tête et les reins complètement gâtés. Le bruit courut à cette époque qu'il avait été empoisonné par ordre du cardinal, bien que le rapport des trois médecins ait conclu à une mort naturelle.

Dans la même année, on enferma le duc de Vendôme et le chevalier son frère, grand prieur de France, fils naturels et légitimés de Henri IV. Ils étaient accusés d'avoir pris part à la conspiration formée par d'Ornano. Le grand prieur n'eut point assez de force pour supporter sa mauvaise fortune, il tomba malade et mourut dans sa prison le 10 février 1629. On croit généralement qu'il mourut empoisonné. Son frère, le duc de Vendôme, fit tous les aveux qu'on lui demanda. Il ne sortit cependant du Donjon qu'après quatre ans et sept mois de captivité.

En 1629, Gaston d'Orléans, frère du roi, devint amoureux de Marie-Louise de Gonzague, fille du duc de Nevers et résolut de l'épouser.

Ce mariage ayant déplu à la reine, on fit arrêter la jeune princesse et, conduite à Vincennes, séparée de ses amies et de ses gens, elle fut jetée dans un cachot grillé qu'on n'avait pas eu le temps de meubler. Elle n'y eut ni lit, ni feu, ni vivres. La duchesse de Longueville, chez qui elle logeait auparavant, fut également incarcérée et ne fut pas mieux traitée. Elle ne sortirent du Donjon que cinq semaines après, grâce à l'intervention de Louis XIII.

En 1635, Louis XIII, sur les conseils de Richelieu, fit emprisonner au Donjon le duc de Puylaurens et quelques autres personnages de marque qui gênaient les projets du cardinal. A peine enfermé, le duc fut attaqué d'une forte fièvre dont il mourut le 30 juin 1635. Des religieux minimes du bois de Vincennes eurent la permission de le visiter dans ses derniers moments. Le bruit courut qu'il avait été empoisonné et l'on dit que le cardinal, en parlant de la mort de ce duc, du maréchal d'Ornano et du grand prieur s'était écrié : « Voilà un air bien merveilleux que celui du bois de Vincennes, qui fait mourir les gens de la même façon ! »

L'année suivante, on enferma le capucin Dubois, qui prétendait avoir trouvé la pierre philosophale et en profitait pour faire de nombreuses dupes. Il resta six mois à Vincennes et fut ensuite condamné à être pendu et exécuté.

En 1638, sur les instances des Jésuites, Jean Duvergier de Hauranne, abbé de Saint-Cyran, fut accusé de jansénisme et enfermé au donjon pendant cinq ans. Le gouverneur de Vincennes était alors Bouthilier, marquis de Chavigni. La captivité de ce pieux abbé fut excessivement rigoureuse malgré sa parfaite innocence ; tous les habitants du Donjon le respectaient et le vénéraient comme un saint, il écrivit en cachette dans sa prison un grand nombre de volumes et contribua beaucoup, avec Arnaud et Nicole, à la gloire de l'abbaye de Port-Royal. Enfin, vers la fin du règne de Louis XIII, on enferma divers prisonniers de guerre plus ou moins célèbres : en 1638, Jean de Werth et un colonel hollandais ; en 1639, Casimir II et le comte Palatin ; en 1640, le général baron d'Egherisrt et, en 1642, des officiers espagnols parmi lesquels le comte de Lamboi, Merci et Landron.

Sous le règne de Louis XIV, les prisonniers devinrent de plus en plus nombreux. Peu de temps après l'avènement du jeune roi, en 1643, on enferma aussi le duc de Beaufort qui s'était rendu excessivement populaire et qui était connu à cette époque sous le nom du roi des Halles. Cette royauté lui porta malheur, car il ne tarda pas à être arrêté et emprisonné au Donjon où il passa cinq années. Il s'en échappa grâce à ses intelligences à l'intérieur de la prison et à l'extérieur. Son évasion fit beaucoup de bruit; on s'en prit à Chavigny, le gouverneur du château, que l'on fit enfermer dans le cachot même du duc. Quant à Beaufort, à peine échappé, il se retira dans ses terres, en Anjou, en attendant un moment favorable pour rentrer dans Paris.

Mais les troubles et les intrigues continuaient toujours à la cour ; Mazarin était peu rassuré en voyant l'attitude du grand Condé, du prince de Conti et du duc de Longueville. Pour couper court aux difficultés qu'ils suscitaient il les fit tous arrêter et conduire à Vincennes, qui était alors commandé par le baron de Druet.

Le duc de Longueville fut très affecté de cet évènement et se montra abattu ; le prince de Conti se crut perdu et, tout en larmes, demanda une *Imitation de Jésus-Christ*. Condé seul conserva son sang-froid et se contenta de faire un jeu d'esprit en demandant une *Imitation de Beaufort*. Une fois en cachot, il se prit de passion pour le jardinage et se mit à cultiver, dans le fossé où on lui permettait de se promener, des œillets, des roses et diverses fleurs, ce qui inspira à Mademoiselle de Scudéri les vers suivants :

En voyant ces œillets qu'un illustre guerrier
Arrose d'une main qui gagna des batailles,
Souviens-toi qu'Apollon bâtissait des murailles,
Et ne t'étonne pas que Mars soit jardinier.

Bien que ces princes fussent l'objet d'une surveillance très active, ils purent entretenir une correspondance très suivie avec leurs amis à l'aide de bouteilles à demi remplies [...]

[...] écrire à Condé, pendant le voyage, ces vers célèbres :

> Cet homme gros et court
> Si connu dans l'histoire
> Ce grand comte d'Harcourt
> Tout couronné de gloire
> Qui secourut Casal et qui reprit Turin
> Est maintenant cocu de Jules Mazarin.

Ils ne restèrent que peu de temps au Havre ; Mazarin vint, en personne, leur annoncer leur mise en liberté.

Mais, presque en même temps qu'on mettait ces prisonniers en liberté, on en mettait un autre sous les verrous. En effet, le cardinal de Retz, coadjuteur de l'archevêque de Paris, avant fait de l'opposition à la cour, Mazarin le fit arrêter et conduire au Donjon, où il arriva à onze heures du soir et fut logé dans une grande chambre sans feu et dans laquelle ne se trouvait qu'un mauvais lit.

« Le cardinal, dit un historien, fut obligé de se lever le lendemain sous son parce qu'il n'y avait pas de bois pour en faire. Les deux exempts ou gardes, que l'on avait placés auprès de sa personne, l'assistaient et bien maladroitement pour le boutonner ; tous ceux qui demeurèrent seuls pour garder le prisonnier ont tout le joué l'un en sorte que le cardinal fut quinze jours, dans le temps le plus rigoureux de l'hiver, dans une chambre grande comme une église, sans pouvoir se chauffer. Cet exempt l'appelait Deresse, il voulait aussi rajuster son linge, ses habits, ses souliers, si déchirés que le prisonnier était parfois obligé de demeurer huit ou dix jours au lit faute d'avoir de quoi s'habiller. Cet aussi exempt, pour mettre à l'épreuve la patience de son illustre prisonnier, le travaillait en petit jardin où deux allées se croisaient, dans la cour du Donjon, et comme le cardinal lui demandait ce qu'il prétendait faire, il lui répondit que c'était des allées qu'il plantait des asperges que d'ici un an il servirait au bout de trois ans. Le cardinal est dit, comme les gens qui étaient présents, une raillerie comme celle-ci est sans doute extraordinaire dans plusieurs années, et dans celles où je dois être ici. »

On le transféra ensuite au Nantes d'où il s'évada, non sans peine.

En 1661, le fameux Fouquet, ayant été arrêté dans sa maison de Saint-Mandé, fut traîné de prison en prison et passa quelque temps à Vincennes, puis à la Bastille où il fut jugé.

Plus tard Lauzun fut emprisonné de même, sur les instances de madame de Montespan, pour des intrigues de cour.

Sous Louis XV, en 1717, on enferma Messieurs de Polignac, de Clermont et le marquis de Châtillon; en 1719 quatre prisonniers inconnus, qui arrivèrent le visage couvert d'un voile et dont les noms ne furent point inscrits sur le registre d'écrou. On suppose généralement qu'ils avaient été impliqués dans la conspiration de Cellamare. En 1723, le secrétaire d'Etat de la guerre, Leblanc, fut enfermé au donjon où il resta deux ans. L'année suivante, en 1724, ce fut le tour de son délateur, l'abbé de Margon, espion et libelliste. En 1734, Crébillon fils, subit également une captivité au donjon, pour avoir peint (avec une grande fidélité, paraît-il) les mœurs de la cour, intitulé *Tanzai et Néardané*. La première nuit qu'il coucha au Donjon, il sentit auprès de lui un animal velu qu'il prit pour un chat; il le caressa et lui permit de partager son lit. Le lendemain matin, le chat avait disparu, mais à peine Crébillon eut-il commencé le maigre repas qu'on lui avait servi, qu'un animal apparut dans un coin obscur du cachot; le prisonnier pensant que c'était son chat de la veille lui jeta aussitôt un morceau de pain qu'il se mit à grignoter. Crébillon étendit alors le bras pour prendre l'animal et le caresser, lorsque celui-ci, qui n'était autre qu'un énorme rat, se leva effrayé et s'enfuit rapidement. Le prisonnier jeta un cri de surprise et d'horreur. Le gardien accourut aussitôt et lui apprit que son prédécesseur avait apprivoisé l'animal, de sorte qu'il venait souvent manger dans sa main. Crébillon vainquit alors sa répugnance et se réconcilia avec l'intéressant rongeur. La captivité du célèbre écrivain dura peu de temps et, lorsque sonna l'heure de sa mise en liberté il aurait voulu emporter avec lui son compagnon de captivité, mais celui-ci avait d'autres amis au Donjon qui ne voulurent pas qu'on leur enlevât ainsi leur passe-temps.

Vers cette époque, on recommença la persécution contre les jansénistes, qui étaient les adversaires résolus des jésuites. On en fit emprisonner beaucoup; l'un des premiers et des plus illustres fut l'abbé Pucelle, qui fut promptement mis en liberté, grâce à des protestations énergiques du Parlement. Plus tard, en 1746, l'abbé Vaillant qui était détenu dans une maison de force depuis 1734, pour la même raison que l'abbé Pucelle fut transféré à Vincennes où il mourut.

Enfin, contradiction étonnante, le curé de Vincennes nommé Morvant, qui avait donné des avis outrés contre les jansénistes, fut aussitôt enfermé. Certains historiens croient que cette accusation n'était qu'un prétexte et que l'abbé ne fut emprisonné que pour servir une vengeance du lieutenant de police.

En 1746, on transféra de la Bastille au donjon, Louis-Joseph de Vendôme, fils naturel du duc; il était *soupçonné* d'être l'auteur de pamphlets dirigés contre les maîtresses de Louis XV. Il gémit longtemps dans les prisons et mourut au donjon après *vingt-huit* ans de captivité. Dans la même année, on arrêta Laroche-Guérant à Amsterdam, il était aussi soupçonné d'être l'auteur d'une brochure intitulée : *La Voix des persécutés*. On enferma en même temps à Vincennes le chevalier de Langoula, coupable d'avoir écrit à la Pompadour quelques lettres dans lesquelles il avertissait charitablement la favorite des dangers qu'elle avait à craindre de la part de ses ennemis.

En 1749, le célèbre Latude, après avoir été enfermé dans différentes prisons, fut conduit à Vincennes. Chacun connaît les longues infortunes de ce jeune homme coupable d'une simple étourderie bien innocente envers cette grande pourvoyeuse des prisons d'Etat, qu'on appelle la Pompadour. Il fut enfermé successivement à la Bastille, à Vincennes, à Charenton à Bicêtre; il fut transféré de nouveau au Donjon en 1764, s'en évada en 1765 et y fut réintégré en 1775. Ses captivités durèrent en tout trente-cinq ans.

Quelque temps avant Latude, le 24 juillet 1749, on avait amené dans la forteresse le célèbre encyclopédiste Diderot, qui y resta pendant six mois. Il avait eu le malheur de déplaire à une dame Dupré de Saint-Maur, qui était la maîtresse de M. d'Argenson. Le ministre s'appuya sur les derniers ouvrages de Diderot pour obtenir son incarcération. Le célèbre philosophe, qui était né avec des passions violentes et un esprit fort exalté, faillit devenir fou lorsqu'il se vit ainsi enfermé. Comme la secte des philosophes était toute puissante, on n'osa pas lui faire sa captivité trop rigoureuse : on lui permit de se promener dans le château et même dans le parc, et de recevoir la visite de plusieurs de ses amis. Jean-Jacques Rousseau, qui était alors de ces derniers, vint souvent le voir et lui porter des consolations, que Diderot n'aurait jamais dû oublier.

En même temps que Diderot, était enfermé l'abbé Prieur, inventeur d'une nouvelle méthode d'orthographe ou plutôt de sténographie. Il avait écrit au roi de Prusse, qui aimait beaucoup ces sortes de découvertes, et dans sa lettre il avait écrit en partie d'après son système; on crut y voir une conspiration et l'ordre fut donné d'arrêter et de conduire à Vincennes l'abbé, qui mourut dans la cinquième année de sa captivité.

Quelques années après l'incarcération de l'abbé Prieur on amena au Donjon le Prévôt de Beaumont, déjà détenu à la Bastille depuis onze mois, pour avoir dénoncé le *pacte de famine* par lequel une société secrète accaparait les blés, les emportait, en décidait ainsi la hausse et les réimportait avec d'immenses bénéfices. Le roi avait dix millions d'actions dans cette monstrueuse entreprise, aussi on pense bien que l'on tenait à faire expier la hardiesse de cet homme dangereux. On le conduisit du Donjon à Charenton, en mars 1784; on le transféra ensuite à Bicêtre et, en 1787, dans une maison de force de Bercy d'où il ne sortit que le 15 septembre 1789.

Sous le règne de Louis XVI, les emprisonnements au Donjon recommencèrent de plus belle. En 1777, on y amena Mirabeau, qui devait acquérir plus tard tant de popularité. Il venait d'être arrêté en Hollande, où il s'était enfui avec la femme du premier président de la Chambre des Comptes de Dôle, Madame de Monnier, qu'il avait connue à Pontarlier où il était prisonnier et qui fut si célèbre sous le nom de Sophie. Une fois emprisonné au Donjon, il entretint avec sa maîtresse une correspondance suivie, qui fut publiée après la mort du tribun sous le titre de *Lettres originales de Mirabeau, au Donjon de Vincennes*. A part quelques passages qu'on aurait dû supprimer, ce recueil est un des monuments les plus originaux que Mirabeau ait produit.

Sa captivité à Vincennes finit en 1780, après une durée de quarante-deux mois; son influence fut grande sur la destinée, les études, les opinions et les systèmes de Mirabeau : il y composa treize ouvrages qui paraissent perdus et qui furent mentionnés par lui dans ses lettres du Donjon de Vincennes, neuf autres qui sont demeurés manuscrits, et, de plus, les livres suivants imprimés depuis en partie ou en totalité : *Traduction de Tibulle, Extraits de Boccace, Traduction de Jean Second;* des *Contes*, les *Lettres de cachets* et les *Prisons d'État*, etc. Ce dernier ouvrage est une défense énergique de la justice et de l'humanité contre le despotisme, défense de la liberté civile qui lui était d'autant plus chère qu'il en avait été privé. Cet ouvrage étonne par les lectures et les études qu'il suppose quand on songe qu'il a été composé dans une prison et que Mirabeau était obligé de cacher souvent le manuscrit dans sa manche. Nous verrons dans la suite quelle influence eut cet ouvrage sur le sort du Donjon.

Trois prisonniers assez célèbres furent encore enfermés après Mirabeau : en 1777, le trop fameux comte de Sade, qui fut transféré à la Bastille en 1784; en 1778, l'inspecteur de police Goupil, pour fausses dénonciations; il fut trouvé mort en 1780; et, enfin, en 1783, le comte de Solages arrêté en 1782. Il fut ensuite mis à la Bastille d'où le 14 Juillet le délivra.

L'ouvrage de Mirabeau sur les lettres de cachet dont nous avons parlé plus haut souleva une indignation générale, et la royauté, pour donner satisfaction à l'opinion publique, fut obligée de fermer la prison en 1784. On transféra à la Bastille et dans diverses autres prisons les détenus qui s'y trouvaient, on supprima la garnison et le Gouverneur, et la garde du château fut confiée à un concierge. Le public fut admis à visiter ces lieux, témoins de tant de souffrances, de tant d'injustices et les visiteurs vinrent en si grand nombre qu'en un seul jour le total des faibles rétributions exigées par le concierge se monta à plus de six cents livres.

Sous le Directoire, Vincennes devint une place de guerre dont on donna le commandement au capitaine Latour. Sous le consulat, la forteresse fut commandée par le commandant Harel. Rien ne faisait pressentir que le Donjon dût redevenir prison de l'Etat, lorsque l'arrestation et la mort tragique du duc d'Enghien dont nous raconterons plus loin la funèbre histoire vinrent jeter la consternation et montrèrent que l'on ne s'était débarrassé des tyrans que pour s'en donner un autre aussi implacable, aussi injuste.

En effet, Bonaparte ne tarda à pas rétablir les prisons d'Etat et le vieux Donjon, pour sa part, reçut quatre-vingt-douze prisonniers qu'on ne prit pas même la peine de faire passer devant des juges. En 1808, on y transporta dix-sept prisonniers enfermés au Temple et le lieutenant de gendarmerie Gillet fut nommé commandant du château. En 1810, on en envoya encore quatorze et, dans la même année, on mit en liberté les frères Polignac, captifs depuis deux ans. A cette époque se trouvait enfermé le marquis de Puyvert qui commanda plus tard Vincennes après y avoir été enfermé six années.

En 1811, on emprisonna un certain nombre d'ecclésiastiques à la suite d'une querelle commencée deux ans auparavant entre le pape et l'empereur. Les principaux étaient les cardinaux Michel di Pietro, Jules Gabrielli, Charles Oppizini, les évêques de Gand, de Troyes, de Tournay et les abbés d'Astros, Perreau, Fontana, Isabelli et Grégorio. Tous ces personnages furent mis en liberté en 1812, après la conclusion du Concordat. Ce fut vers cette époque (1811) que le commandant du donjon, Gillet, fut remplacé par un autre officier de gendarmerie nommé Lelarge.

Il faut aller jusqu'en 1830 pour trouver au donjon des prisonniers d'un certain rang. A cette époque, en effet, on confia à la garde de Daumesnil les ministres de Charles X, MM. de Peyronnet, Chantelauze, de Polignac et Guernon-Ranville. Leur captivité ne fut pas des plus sévères, ils pouvaient chaque jour se voir, se promener dans les cours et manger dans la même salle. Après quelque temps d'emprisonnement, ils furent traduits devant la cour des pairs, condamnés à une détention perpétuelle et finalement leur peine fut commuée.

La mort de Daumesnil étant arrivée en 1832, on supprima le gouvernement de Vincennes qui devint exclusivement une forteresse.

A partir de cette époque, Vincennes ne servit plus, à proprement parler, de prison d'Etat, mais seulement de temps à autre, et, accidentellement, de prison politique. C'est là que furent enfermés Blanqui, Raspail et Barbès, à la suite de la tentative d'insurrection du 15 mars 1848 et, en 1851, un certain nombre de représentants du peuple. Ces derniers eurent pour logement les appartements de M. de Montpensier rouverts exprès pour eux et, en outre, un dîner excellent et en commun, des bougies, du feu et les sourires et les génuflexions du gouverneur qui était alors le général Courtigis. Hâtons-nous de dire que ces représentants étaient ceux de la droite car le coup d'Etat eut pour ceux de la gauche des procédés tout différents : Il les fit bel et bien incarcérer à Mazas dans les cellules destinées aux malfaiteurs.

Le donjon reçut encore quelques prisonniers à la suite des tristes événements de 1871 ; puis il perdit sa lugubre destination et resta jusqu'à nos jours le triste témoin de toutes les injustices dont il se rendit coupable.

La commune de Vincennes

En 1788, le hameau de Vincennes qui, depuis un siècle, s'était considérablement agrandi, fut érigé en commune par un arrêt du Parlement. Dix ans auparavant, en 1778, le sieur Boudin, arpenteur royal à Vincennes, avait dressé un plan de la basse-cour du Château dans lequel il mettait en valeur toute cette immense place carrée située devant la tour principale. Certes, le coup d'œil y perdait mais le village y gagna beaucoup, car c'est à partir de cette époque, croyons-nous, qu'il commença à prospérer : Déjà des habitations avaient été élevées entre Vincennes et la Pissotte et avaient réuni ces deux hameaux, lorsque la basse-cour se couvrit à son tour de maisons et forma un bourg assez important dont la cure valait alors 600 livres.

Lorsque la Révolution de 1789 éclata, la population et la municipalité de Vincennes se montrèrent à la hauteur des circonstances : Les fêtes et cérémonies révolutionnaires y furent célébrées avec pompe et enthousiasme et, lorsqu'on proclama la patrie en danger, vingt-six jeunes gens se firent inscrire pour partir volontairement combattre à la frontière. On trouvera que ce nombre de jeunes gens est considérable si l'on considère qu'il y a un siècle, on ne comptait encore à Vincennes que cinquante feux ou familles.

Rapport au Conseil Municipal sur le Donjon de Vincennes.

" En 1790, le Donjon étant devenu un domaine national, le Conseil municipal nomma quelques commissaires pour le visiter et voir s'il ne pourrait pas servir au soulagement des prisons du Châtelet où les prisonniers étaient amoncelés. M. Jallier, architecte et officier municipal, fit au conseil, sur ce sujet, le rapport qui suit :

« Messieurs, chargés par le conseil municipal de vérifier si le Donjon de Vincennes pourrait servir au soulagement des prisons du Châtelet, où les prisonniers sont accumulés d'une manière effrayante, nous nous y sommes transportés hier, dimanche 14, et je vais avoir l'honneur de vous présenter le résultat de notre examen, précédé de quelques réflexions nécessaires au jugement du rapport.

« Deux conditions sont essentielles à l'établissement des prisons autorisées par la loi : sûreté et salubrité.

« L'épaisseur des murs, qui se présente à l'esprit comme le premier et le meilleur moyen de sûreté, n'est cependant pas le plus certain ; il en est un bien préférable ; c'est l'isolement.

Ce procédé réunit beaucoup d'avantages, il économise des gardiens, rend la surveillance facile et les secours plus prompts ; deux sentinelles, d'un coup d'œil, peuvent embrasser le contour d'une prison quelle qu'en soit la forme ; enfin, les tentatives extérieures ne peuvent plus se hasarder et si celles de l'intérieur ne sont pas toujours découvertes quand les prisonniers les commencent, elles le sont infailliblement lors de leur issue.

« Une enceinte extérieure formée par un mur élevé est aussi de la plus haute nécessité ; ce rôle ôte aux prisonniers jusqu'à l'idée de tenter l'évasion puisque, échappés du bâtiment qui les renferme, ils se trouveraient infailliblement repris dans cette enceinte continuellement fréquentée par les sentinelles.

« Enfin, un fossé large et profond qui enveloppe tout son extérieur paraît aussi une précaution indispensable, quand le terrain le permet.

« Venons à la salubrité.

« L'air, le premier besoin et le principe de la vie des hommes, est leur dangereux ennemi quand ils sont amoncelés dans un lieu clos ; car, tel est l'amour de cet élément pour la liberté, que si on les renferme, il fermente, réagit et tue rapidement les êtres dont il entretient l'existence. Les conditions les plus indispensables pour rendre les prisons salutaires sont donc d'en isoler les édifices, de les percer sur tous les sens, de les éloigner des bâtiments dont la hauteur intercepterait l'air, de faciliter le passage des courants qui peuvent le renouveler à tous les instants, et de profiter, selon le temps et les saisons, de ceux qui portent avec eux la salubrité et la santé.

« La réunion de toutes ces conditions ne s'est point encore trouvée dans les prisons élevées sous l'autorité des lois, et il est à remarquer que si, dans celles construites par le pouvoir arbitraire, les précautions de salubrité y étaient souvent négligées, au moins les combinaisons de sûreté y ont été poussées jusqu'à la recherche la plus scrupuleuse.

« C'est donc avec une satisfaction bien vive que nous annonçons à la municipalité que le Donjon de Vincennes, visité par ses ordres, réunit les doubles données de salubrité et de sûreté que l'humanité et la loi commandent ; qu'au mérite d'un isolement absolu se joignent ceux d'une position heureuse, d'un local considérable et d'un édifice solide ouvert de tous côtés aux influences bienfaisantes d'un air pur et salutaire, avantages que la description du Donjon va mettre sous les yeux du Conseil.

« Cet édifice a été construit par trois de nos rois pour leur servir de maison de champs ; sa situation à l'entrée d'un bois dont toutes les allées y aboutissent et son élévation qui le rend susceptible de recevoir constamment un air pur en faisaient un séjour aussi agréable que salubre. Deux enceintes l'environnent : la première consiste en un fossé large et profond qui l'isole de toutes parts ; on entre dans la seconde, fermée de hautes murailles, par un pont-levis ; sur les créneaux construits des galeries dont les principales vues sont tournées vers la campagne. Cette seconde enceinte pourra servir de promenade aux prisonniers.

« Au milieu est la prison, autrefois habitation royale ; elle contient quatre étages formés chacun d'une grande salle en chauffoir de trente pieds en carré, voûtée en ogive, dont le centre est soutenu par un pilier, et ayant dans ses angles quatre pièces octogones de treize pieds en tous sens, et toutes avec cheminée.

« Un cinquième étage est pratiqué dans le sommet de la pièce du centre, et tout ce bâtiment, incombustible par sa construction, est couvert en terrassé avec beaucoup de solidité et de recherche. »

« Nous estimons qu'avec un peu de dépenses on pourrait y loger deux cent cinquante à trois cents prisonniers.

« Le rez-de-chaussée servirait pour les cuisines ; dans la cour intérieure logerait le concierge. Des pièces à l'entresol serviraient à loger des gardiens, et une chapelle, dont on pourra rendre l'utilité plus générale est destinée aux actes de dévotion des prisonniers.

« Ces infortunés auront sous les yeux un exemple bien frappant de la différence du régime actuel d'avec l'ancien ; à chaque étage, ils auront le spectacle des restes de la férocité des bourreaux d'autrefois ; à chaque étage, dans les chauffoirs qu'ils habiteront, sont encore des sièges de pierre destinés à placer les malheureuses victimes que l'on torturait de par le roi d'alors ; des anneaux de fer scellés dans les murs et qui servaient à assujettir leurs membres au moment de leurs supplices, entourent ces sièges de douleur, et, dans les cachots privés d'air et de lumière, sont encore des lits de charpente sur lesquels on enchaînait celles à qui l'on permettait de se livrer à quelques moments d'un sommeil convulsif.

« Le rétablissement de quelques grilles et de quelques châssis vendus par le dernier geôlier suffirait pour rendre cette prison habitable ; et messieurs, il n'est peut-être pas indifférent pour l'humanité et la philosophie de remarquer que la maison de plaisance d'un roi de France du treizième siècle, a précisément tous les caractères demandés pour une prison conforme à l'esprit de la législation du dix-huitième.

« D'après cet exposé, messieurs, je crois qu'il est de l'humanité et de l'équité du conseil municipal de demander à l'Assemblée nationale la permission d'employer le donjon de Vincennes actuellement domaine national, à loger provisoirement une partie des prisonniers qui engorgent le Châtelet, en assurant cette auguste assemblée, qu'aucune autre prison ne peut mieux remplir les vues de bonté et de justice qui la dirigent, et que ce lieu d'arrêt a moins le caractère d'un dépôt de malfaiteurs que d'une maison de santé pour les malades convalescents, et qui sait, messieurs, si plus d'une de ces malheureuses victimes chez qui l'affreuse maladie du crime n'est pas à son dernier période, respirait un air plus pur, livrée à la douce mélancolie qu'inspire la vue de la campagne, séparée des complices en qui l'habitude du vice l'a rendu incurable, ne retrouvera pas dans le repentir de ses fautes, ce calme heureux, espèce de convalescence de l'âme, qui annonce un prochain retour à des sentiments de vertu, fortuné changement qu'elle devra à vos soins paternels et à votre bienfaisante sollicitude. »

A la suite de ce rapport, l'Assemblée nationale autorisa par un décret, le conseil municipal à y faire transférer des prisonniers. Celui-ci fit disposer tout pour rendre cette prison aussi confortable qu'un pareil lieu peut l'être; mais le 28 février 1791 des gens mal intentionnés ayant répandu le bruit parmi le peuple qu'on voulait faire servir de nouveau cette forteresse à des projets contre sa liberté, une grande partie du faubourg Saint-Antoine se leva en masse, se rendit à Vincennes et commença à démolir le donjon. Le maire de Vincennes effrayé fit aussitôt prévenir le général La Fayette qui accourut à la tête de plusieurs compagnies de la garde nationale. Voyant de quoi il s'agissait, plusieurs de ses soldats allaient se joindre aux démolisseurs quand La Fayette se plaçant devant sa troupe et agitant son épée s'écria qu'il ne passerait au travers du corps du premier qui quitterait les rangs. Cette énergie en imposa aux plus hardis, on dispersa les démolisseurs et on fit soixante prisonniers que l'on ramena à Paris avec aux pièces de canon pour contenir les révoltés.

Cependant cette mesure fit remonter le premier moment parmi les masses populaires; l'Assemblée, craignant une émeute, décréta les de donjon. Plus tard, sous le régime de la Terreur, les détenues de cette prison ci-devant, en quelque sorte, une succursale de la Salpêtrière, des Madelonnettes et de Saint-Lazare. Paris devint un tel lieu de corruption, qu'en 1794, la Convention, à la suite d'un rapport sur l'administration intérieure de Vincennes, ordonna que les détenues seraient réparties dans les diverses prisons de femmes de la capitale et fit fermer celle du Donjon.

Exécution du duc d'Enghien

Nous voici arrivés à l'un des plus tristes épisodes de l'histoire de Vincennes : nous allons parler de la lugubre affaire du duc d'Enghien que l'on a si souvent reprochée à Bonaparte. On a beaucoup parlé de cette exécution mystérieuse mais on n'en connaît généralement pas les détails ; c'est pourquoi nous pensons que l'on nous saura gré d'en donner ici le récit :

Chacun sait qu'à la suite de la Révolution, les princes et les nobles s'étaient alliés aux Prussiens, aux Autrichiens et aux Anglais pour combattre leur propre pays. En 1801, leur armée, que l'on connaissait sous le nom d'armée de Condé, ayant été licenciée, le duc d'Enghien, qui en faisait partie, alla se fixer à Ettenheim dans le grand duché de Bade où il vécut tranquillement en en faisant toutefois de fréquentes absences. Bientôt plusieurs conspirations furent ourdies contre la vie de Bonaparte ; celui-ci, outragé et défiant, crut que le duc d'Enghien n'y était pas étranger et le 11 mars 1804, il donna au général Ordener l'ordre de se rendre rapidement à Strasbourg, puis à Ettenheim, de cerner le village et d'y enlever le duc. Le général obéit, se fit arrêter dans la nuit du 14 au 15, le conduisit à la citadelle de Strasbourg et le 18 mars, on le transporta dans une voiture fermée jusqu'à Paris à la porte de Pantin où un courrier apporta l'ordre de longer les barrières jusqu'à Vincennes.

Le prince arriva dans la prison à cinq heures, on lui servit un léger repas, puis il tomba de fatigue et s'endormit profondément. A minuit, on le réveilla et on le conduisit dans une salle où se trouvaient assemblés huit officiers supérieurs présidés par le général Hullin. Après un simulacre de jugement, on déclara Louis-Antoine-Henri de Bourbon, duc d'Enghien coupable :

1° D'avoir porté les armes contre la République française ;

2° D'avoir offert ses services au gouvernement anglais, ennemi du peuple français.

3° D'avoir reçu et accrédité près de lui les agents dudit gouvernement anglais, de leur avoir procuré les moyens de pratiquer des intelligences en France, et d'avoir conspiré avec eux contre la sûreté intérieure et extérieure de l'État.

4° De s'être mis à la tête d'un rassemblement d'émigrés français et autres, soldés par l'Angleterre, formé sur les frontières de la France, dans les pays de Fribourg et de Bade.

5° D'avoir pratiqué des intelligences dans la place de Strasbourg, tendant à faire soulever les départements circonvoisins pour y opérer une diversion favorable à l'Angleterre.

6° D'être l'un des fauteurs de la conspiration tramée par les Anglais contre la vie du premier Consul, et devant, en cas de succès de cette conspiration, entrer en France.

Le président posa alors la question relative à l'application de la peine et, à l'unanimité, la commission militaire condamna le duc à la peine de mort comme coupable des crimes d'espionnage, de correspondance avec les ennemis de la République, d'attentat contre la sûreté intérieure et extérieure de l'État.

Séance tenante, le général Hullin écrivit une lettre dans laquelle il faisait part au premier consul du désir qu'avait exprimé le duc d'Enghien d'avoir une entrevue avec lui et le conjurait de bien vouloir atténuer une peine que la rigueur du code militaire n'avait pas permis d'éluder. A ce moment un homme qui avait assisté dans un coin de la salle à la séance du jugement s'avança vers le président et lui dit: «Que faites-vous là ?»

— J'écris au premier Consul, pour manifester le vœu du Conseil et celui du condamné.

— Vous n'avez plus rien à faire, répliqua l'inconnu ; maintenant cela me regarde.

On ne sait quel était cet inconnu, mais l'on s'est aperçu dans la suite que le jugement rendu était nul par le fond et par la forme. Il n'y avait pas eu de témoins produits contre l'accusé, pas de pièces à charge; enfin la Commission militaire était incompétente. De plus, quoique l'énoncé du jugement porte qu'il a été rendu en séance publique, il est un fait certain qu'il a été rendu la nuit et seulement en présence des gendarmes et du fameux inconnu.

Le lendemain matin, vers quatre heures, on conduisit le prince dans un escalier étroit et humide, il crut qu'on allait le changer de cachot, mais bientôt il sentit un air frais et on arriva dans les fossés du château. A peu de distance se tenait un peloton d'infanterie, l'armé au bras ; il devina alors le sort qui l'attendait.

— Grâce au ciel ! s'écria-t-il, je mourrai de la mort d'un soldat.

Il demanda ensuite à ceux qui l'avaient conduit qu'on fît venir un prêtre.

— Les prêtres sont couchés à l'heure qu'il est, répliqua un gendarme, et puis, veux-tu mourir comme un capucin ?

— Marchons, répondit simplement le prince. On le fit placer au pied de la tour carrée qui termine la partie méridionale du pavillon de la reine ; une fosse y avait été creusée douze heures auparavant, c'est-à-dire avant que le jugement ne soit rendu, ce qui prouve bien que le duc était condamné d'avance. Il tira de sa poche une tresse de cheveux, une lettre et un anneau et demanda aux soldats qui l'entouraient s'il en était un qui voulût bien se charger de remettre ces objets à sa maîtresse, la duchesse de Rohan. Un soldat tendait déjà la main pour montrer qu'il acceptait, quand un officier s'écria : «Personne ici ne doit faire les commissions d'un traître.»

Un adjudant commanda alors le feu; les soldats visèrent à la lueur d'une lanterne et de plusieurs chandelles qu'on avait apportées et firent feu. Le duc tomba frappé de plusieurs balles, on s'approcha aussitôt du cadavre, on le souleva et on le déposa tout habillé dans la fosse que l'on referma sur-le-champ.

Une colonne monolithe fut dressée plus tard sur un piédestal dans le fossé au lieu même où le duc avait été enseveli.

L'inscription composée de lettres de cuivre fixées autour de la colonne portait :

ICI

EST LE CORPS

DE TRÈS HAUT TRÈS PUISSANT

LOUIS-ANTOINE HENRI DE BOURBON

DUC D'ENGHIEN

PRINCE DU SANG

PAIR DE FRANCE

MORT

A VINCENNES

LE 21 MARS

1804

A L'AGE

DE 31 ANS, 7 MOIS, 18 JOURS

En 1836, on enleva cette colonne de l'emplacement qu'elle occupait et on la remisa dans un caveau sous la voûte de la porte du bois où elle est encore aujourd'hui.

Vingt ans avant, 1816, on avait exhumé le corps du duc et on avait enfermé le cercueil de plomb qui contenait les ossements, dans un cercueil de chêne recouvert de velours cramoisi.

On déposa momentanément ce cercueil dans une chapelle ardente établie dans la salle même où le conseil de guerre avait rendu son jugement. Cette salle se trouve dans le petit pavillon carré servait de poste pour se rendre dans le Polygone.

Plus tard, le cercueil fut transporté dans la Sainte-Chapelle du château et mis dans le tombeau, par lui fait destiné dans le souterrain. En 1872, Napoléon III le trouvant trop en vue, le fit transférer dans une petite salle près de la sacristie.

Ce tombeau, qui est l'œuvre de Desseine, se compose d'une sorte de sarcophage; au sommet du monument on voit le prince soutenu par la Religion ; au-dessous, la France est agenouillée devant l'urne.

Le procès-verbal des commissaires chargés de l'exhumation du corps en 1816 est assez intéressant pour trouver place ici :

« Nous sommes descendus dans les fossés, accompagnés des personnes ci-dessus dénommées auxquelles s'étaient joints les sieurs Godard et le nommé Bonnefet. Ces deux derniers nous ont conduits à la place qu'ils nous avaient indiquée dans leur déclaration au pied du pavillon de la reine, et Bonnefet s'est mis au rang des travailleurs. Nous avons cru devoir, pour plus de sûreté, faire découvrir le terrain dans une étendue de dix pieds sur douze environ, et au bout d'une heure et demie de travail, la fouille ayant à peu près à quatre pieds de profondeur, on a découvert le pied d'une botte, et dès ce moment nous avons été assurés du succès de nos recherches.

« MM. Hérinard de Montplaisir, Delacroix, Guérin et Bonnefet sont descendus dans le fossé et ont pris personnellement la direction des travaux qui ont été continués avec les plus grandes précautions.

« Après s'être assurés de la direction dans laquelle le corps était posé, ils se sont occupés de retirer avec les plus grands ménagements et par parcelles, la terre qui le recouvrait.

« Ils ont constaté que le premier objet découvert, le pied d'une botte, contenait des ossements qu'ils ont recueillis.

« Ils ont ensuite découvert le tiers inférieur des os de la jambe à laquelle appartenait le pied.

« En continuant les travaux, ils ont été à découvrir le coude du bras gauche, ce qui leur a fourni un indice de plus sur la direction du corps, et leur a fait juger, d'après l'élévation plus grande des pieds, que le corps, et la tête devaient être plus profondément placés.

« Ils ont fait creuser sur l'un des côtés de la direction du corps de manière à pouvoir découvrir ensuite, dix et six, partie par partie.

« Ils ont alors procédé à la recherche de la tête qu'ils ont trouvée brisée.

« Parmi les fragments, la mâchoire supérieure, entièrement séparée des os de la face, était garnie de douze dents.

« La mâchoire inférieure, fracturée dans sa partie moyenne, était coupée en deux et ne présentait plus que trois dents.

« Dans la terre qui avoisinait les os du crâne, il a été trouvé des cheveux.

« Les médecins ont acquis la certitude que le corps était à plat ventre, la tête plus basse que les pieds.

« Ils ont ensuite découvert et enlevé successivement les vertèbres du cou avec une chaîne d'or, l'omoplate gauche, le bras et la main gauches, le reste de la colonne vertébrale, l'omoplate droite, le bras droit et la main allongée parallèlement au corps.

« Le bassin, dont l'os de la hanche gauche présentait au-dessus de la cavité qui reçoit l'os de la cuisse, une fracture avec une échancrure circulaire ; les os de la cuisse, de la jambe et du pied du côté gauche, parfaitement en rapport entre eux mais la cuisse écartée en dehors et la jambe fléchie en dedans sur la cuisse.

« Enfin les os de la cuisse et de la jambe du côté droit.

« Tous ces ossements étaient complètement privés de parties molles et généralement bien conservés.

« On a recueilli également des débris de vêtements parmi lesquels se trouvent les deux pieds de bottes, et des morceaux de la casquette du prince portant encore l'empreinte de la balle qui les avait traversés. Ces débris, ainsi que la terre recueillie autour du corps, ont été réunis aux ossements et placés dans un cercueil de plomb.

« Au fur et à mesure que l'on procédait à cette opération, on a également découvert :

« 1° Une chaîne d'or avec son anneau que M. le chevalier Jacques a reconnu pour être celle que le prince portait habituellement, et qui, en effet, a été trouvée près de ses vertèbres cervicales. Cette chaîne et les petites clefs de fer qui accompagnent le cachet d'argent mentionné ci-dessous, avaient été annoncées d'avance par M. le chevalier Jacques, le fidèle compagnon d'armes de Monseigneur le duc d'Enghien, qui s'est enfermé avec lui dans la citadelle de Strasbourg, et ne s'en est séparé que lorsque le prince a été amené à Paris, parce qu'il ne lui a pas été permis de le suivre.

« 2° Une boucle d'oreilles, l'autre n'a pas été retrouvée.

« 3° Un cachet d'argent aux armes de Condé, encastré dans une agrégation ferrugineuse fortement oxydée, et où on a reconnu une petite clé de fer ou d'acier.

« 4° Une bourse à soufflet, contenant onze pièces d'or et cinq pièces d'argent ou de cuivre.

« 5° Soixante-dix pièces d'or, ducats, florins et autres, faisant probablement partie de celles qui lui avaient été remises par M. le chevalier Jacques au moment de leur séparation, enfermées dans des rouleaux cachetés en cire rouge dont on a trouvé quelques fragments.

« L'exhumation et les recherches terminées, les commissaires et les assistants sont remontés au château, le corps porté par des sous-officiers de la garde royale, escorté d'une garde d'honneur et suivi d'un grand concours de militaires de tous grades de la garnison du château. »

Plus tard parurent beaucoup d'ouvrages destinés à jeter un peu de lumière sur cette affaire si ténébreuse. Parmi ces écrits, le plus remarquable est la brochure que le comte Hullin fit paraître sous ce titre : *Explications offertes aux hommes impartiaux par M. le comte Hullin au sujet de la commission militaire instituée en l'an XII pour juger le duc d'Enghien.*

« Le 29 Ventôse an XII, dit le comte Hullin, à sept heures du soir, je reçus l'avis de me rendre de suite chez le gouverneur de Paris, le général Murat. Ce général m'ordonna de me transporter dans le plus bref délai au château de Vincennes, en qualité de président d'une commission qui devait s'y assembler, et sur l'observation que j'avais besoin d'un ordre de sa main, il ajouta : « Cet ordre vous sera envoyé avec l'arrêté du Gouvernement aussitôt votre arrivée à Vincennes. Partez promptement : à peine y serez vous arrivé que ces pièces vous par viendront. » Telles furent ses propres expressions.

« J'ignorais entièrement le but de

cette commission; longtemps après mon arrivée à Vincennes je l'ignorais encore. Les membres qui devaient la composer avec moi arrivèrent successivement aux heures indiquées par les ordres respectifs qu'ils avaient reçus. Interrogé par eux *si je savais pourquoi l'on nous rassemblait, je leur répondis que je n'en étais pas plus instruit qu'eux.* Le commandant même du château de Vincennes, M. Harel, me répondit sur la question que je lui fis à ce sujet, *qu'il ne savait rien,* et ajouta, voyant ma surprise : *Que voulez-vous? je ne suis plus rien ici; tout se fait sans mes ordres, et sans ma participation. C'est un autre qui commande ici.*

« En effet, la gendarmerie d'élite remplissait le château; elle en avait occupé tous les postes, et les gardait avec tant de sévérité qu'un des membres de la commission resta plus d'une heure sous le guichet, sans pouvoir se faire reconnaître.

« Un autre ayant reçu l'ordre de se rendre de suite à Vincennes, sans autre explication, s'imagina qu'on l'y envoyait pour tenir prison.

« Ainsi, nous allions nous trouver juges dans une cause trop malheureusement célèbre, sans qu'aucun de nous n'y fût préparé. . . . .

« Je dois observer que, mes collègues et moi, nous étions entièrement étrangers à la connaissance des lois. Chacun avait gagné ses grades sur le champ de bataille; aucun n'avait la moindre notion en matière de jugement, et, pour comble de malheur le rapporteur et le greffier n'avaient guère plus d'expérience que nous.

« La lecture des pièces donna lieu à un incident. Nous remarquâmes qu'à la fin de l'interrogatoire prêté devant le capitaine-rapporteur, le prince, avant de signer, avait tracé de sa propre main quelques lignes où il exprimait le désir d'avoir une explication avec le premier Consul. Un membre fit la proposition de transmettre cette demande au gouvernement. La commission y déféra; mais, au même instant, le général qui était venu se poser derrière mon fauteuil, nous représenta que cette demande était *inopportune.* D'ailleurs, nous ne trouvâmes dans la loi aucune disposition qui nous autorisât à surseoir. La commission passa donc outre.

« Nous étions liés par nos serments au gouvernement d'alors. Nommés juges, il nous a fallu être juges, à peine d'être jugés nous-mêmes. Jugés d'après les lois que nous n'avions pas faites, et dont nous étions malheureusement constitués les organes : Pourquoi ces lois interrogées par nous, ne nous ont-elles jamais répondu que par une peine cruelle qu'elles ne nous offraient aucun moyen d'adoucir? Il fallait, nous disait-on, nous déclarer *incompétents.* Pour cela, il eût fallu que le moyen eût été proposé. Nous n'étions pas jurisconsultes; pour nous, notre compétence semblait résulter du seul fait qu'un arrêté du gouvernement nous ordonnait de juger.

« Il fallait, du moins, lui donner un défenseur, et tout ce que vous dites avoir ignoré aurait été plaidé pour le prince. Cette négligence extrême du capitaine rapporteur aurait été réparée par moi; mais le prince n'a pas demandé de défenseurs, et aucun des membres ne me rappela ce devoir.

« J'en dirai autant des illégalités de l'instruction et des vices que l'on reproche à la rédaction du jugement.

« Seulement, j'observerai, quant à la double minute, que l'estimable auteur de la *Discussion des actes de la commission militaire,* imprimée chez Baudoin frères, a ignoré un fait qui n'était pas écrit dans les pièces.

« Le dossier qui lui a été communiqué, et qui n'a pu l'être que par celui que j'avais rendu, en 1815, dépositaire de mes papiers, était mon dossier particulier et non le dossier officiel du gouvernement qui devrait se trouver dans les archives de la guerre ou de la police avec le rapport du conseiller d'Etat Réal et les réponses du prince.

« Cette seconde rédaction, qui constituait la *vraie minute,* aurait dû rester seule, l'autre aurait dû être anéantie sur-le-champ ; si elle ne l'a pas été, c'est un oubli de ma part. Voilà l'exacte vérité !

« Au surplus, il ne peut, en aucun

cas, en résulter aucun reproche contre nous et nous admettons volontiers à ce sujet le dilemme proposé par le *Journal des Débats*. C'est que, de toute manière, il ne pouvait pas être procédé de suite à l'exécution du jugement. On ne pouvait même pas y procéder sur la première minute, car elle était incomplète, quoique signée de nous : elle comptait des blancs non remplis, elle n'était pas signée du greffier. Ainsi le rapporteur et l'officier, chargés de l'exécution n'auraient pu, sans prévarication, voir là un véritable jugement. Et quant à la seconde rédaction, la seule vraie, comme elle ne portait pas l'ordre *d'exécuter* de suite, mais seulement de *lire* de suite le jugement au condamné, l'exécution de suite ne sera pas le fait de la Commission, mais seulement de ceux qui auraient pris, sur leur responsabilité propre, de brusquer cette fatale exécution.

« Hélas ! nous avions bien d'autres pensées ! A peine le jugement fut-il signé, que je me mis à écrire une lettre dans laquelle, me rendant en cela l'interprète du vœu unanime de la Commission, j'écrivais au premier Consul pour lui faire part du désir qu'avait exprimé le prince d'avoir une entrevue avec lui, et aussi pour le conjurer de remettre une peine que la rigueur de notre position ne nous avait pas permis d'éluder.

« C'est à cet instant qu'apparut un homme, qui s'était constamment tenu dans la salle du conseil, et que je nommerais à l'instant, si je ne réfléchissais que même en me défendant, il ne me convient pas d'accuser... « Que faites-vous là ? me dit-il en s'approchant de moi. — J'écris au premier consul, lui répondis-je, pour lui expliquer le vœu du conseil et celui du condamné. — Votre affaire est finie, me dit-il en prenant la plume, maintenant cela me regarde. » J'avoue que je crus, et plusieurs de mes collègues avec moi, qu'il voulait dire : *cela me regarde d'avertir le premier Consul*. La réponse, entendue en ce sens, nous laissait l'espoir que l'avertissement n'en serait pas moins donné. Je me rappelle seulement le sentiment de dépit que j'éprouvai, de me voir ainsi enlever par un autre la plus belle prérogative d'une fonction qui est toujours si pénible.

« Et comment nous serait-il venu à l'idée que qui que ce fût, auprès de nous, avait l'ordre de négliger les formalités voulues par les lois ?

« Je m'entretenais de ce qui venait de se passer sous le vestibule contigu à la salle des délibérations ; des conversations particulières s'étaient engagées. J'attendais ma voiture qui, n'ayant pu entrer dans la cour intérieure, non plus que celle des autres membres, retarda mon départ et le leur. Nous étions nous-mêmes enfermés, sans que personne pût communiquer au dehors lorsqu'une explosion se fit entendre !... bruit terrible qui retentit au fond de nos âmes et les glaça de terreur et d'effroi.

« Oui, je le jure au nom de tous mes collègues, cette exécution ne fut point autorisée par nous : notre jugement portait qu'il en serait envoyé une expédition au ministre de la guerre, au grand juge ministre de la justice et au général en chef, gouverneur de de Paris.

« L'ordre d'exécution ne pouvait être régulièrement donné que par ce dernier. Les copies n'étaient pas encore expédiées ; elles ne pouvaient pas être terminées avant qu'une partie de la journée se fût écoulée. Rentré dans Paris, j'aurais été trouver le gouverneur, le premier Consul, que sais-je ?... Et tout à coup un bruit affreux vint nous révéler que le prince n'existe plus.

« Nous ignorons si celui qui a si cruellement précipité cette exécution funeste avait des ordres. S'il en avait, la commission, étrangère à ces ordres, la commission tenue en charte privée, la commission dont le dernier vœu était pour le salut du prince, n'avait pu ni en prévenir, ni en empêcher les effets. On ne peut l'en accuser. »

Le 16 mai 1814, on célébra dans l'église paroissiale de Vincennes, un service solennel pour le duc d'Enghien et chaque année, depuis cette époque, on célèbre vers la même date un service expiatoire dans la chapelle du château.

Daumesnil

Sous le premier empire, le château de Vincennes était la seule citadelle défendant la capitale ; aussi Napoléon avait compris son importance et y avait fait exécuter en 1808 des réparations et des déblaiements considérables. En 1812, il nomma le général Daumesnil gouverneur de Vincennes et lui dit la veille de son départ pour la Russie : « J'ai besoin d'un homme sur lequel je puisse compter et j'ai songé à vous. C'est de Vincennes que partiront le matériel et les munitions nécessaires à l'armée. » A peine Daumesnil eût-il prit le commandement de la place qu'il se mit aussitôt à l'œuvre et déploya une prodigieuse activité dans les travaux gigantesques qu'il fit accomplir.

En 1814, l'Europe entière est en armes ; l'invasion étrangère fond sur la France, l'empire est renversé ; Paris est menacé, envahi ; un seul refuge résiste encore, c'est le fort de Vincennes. C'est de là que partent toutes les munitions de guerre, c'est là qu'elles retournent pour échapper aux prises faites par l'ennemi.

Les cours du château, converties en arsenal, sont encombrées de caissons et de projectiles ; le donjon est transformé en magasin à poudre. La totalité de ce matériel est évaluée au-delà de 86 millions de francs. L'ennemi cependant avance de plus en plus ; le canon se fait entendre dans le lointain et bientôt les villages environnants sont envahis.

Paris a déjà capitulé et depuis vingt jours toutes les habitations sont occupées par amis et ennemis en alliés confondus ensemble, tandis que le canon de Vincennes gronde toujours comme une protestation de la France réfugiée dans son dernier retranchement.

Enfin, poussé par les instances de son épouse et devant les craintes des hommes de la garnison, qui n'est composée que de gardes bourgeoises du département, Daumesnil se décide à rendre la place, mais seulement au roi de France. Le gouvernement de la Restauration nomme à sa place comme gouverneur le marquis de Puyvert qui était enfermé au donjon depuis 1814.

En 1815, dès que Napoléon revint de l'île d'Elbe, le nouveau gouverneur s'enfuit rapidement. Daumesnil fût alors de nouveau appelé à occuper ce poste. Le 18 juin, Waterloo renversa une seconde fois l'Empire et entraîna l'abdication de l'empereur. Les uhlans et les cosaques bivouaquèrent bientôt sur les places et les promenades de Paris et Daumesnil devait encore déployer son courage et son énergie pour soustraire une seconde fois aux armées coalisées l'immense matériel dont il était dépositaire. Il avait cette fois sous ses ordres un bataillon d'élite, de vétérans, parmi lesquels beaucoup d'invalides résolus à une vigoureuse résistance.

A leur tête, il effectue plusieurs sorties dans lesquelles il enlève deux cents pièces de canons de gros calibre, cinq mille fusils et une grande quantité de caissons garnis d'affûts ; il introduisit le tout dans le fort.

Sommé de capituler, il fait à l'ennemi cette fière réponse, si connue, avec l'accent ironique de sa gaieté gauloise : « Je vous rendrai la place lorsque vous m'aurez rendu ma jambe. » On n'ignore pas qu'il avait perdu à Wagram la jambe gauche. Le général prussien Blücher, après avoir sommé en vain le gouverneur de Vincennes de rendre la place et sachant qu'il était pauvre, lui offre un million qui épargnerait l'effusion du sang et assurerait l'avenir de sa famille. Daumesnil répondit : « Mon refus servira de dot à mes enfants. » Ce furent cette fière énergie et cette incorruptibilité à toute épreuve qui lui valurent cette sublime devise : « *Il n'a voulu ni se rendre ni se vendre.* » Ce n'est qu'après un blocus de cinq mois et sur l'intervention directe du nouveau gouvernement de la France que le sort de Vincennes va enfin se décider.

Daumesnil consentit à entrer en négociations avec le commandant en chef des troupes assemblées sous les murs de la forteresse, mais en fixant lui-même pour principales conditions qu'il remettrait la place aux commissaires du roi de France, en même temps que la totalité du matériel de guerre enfermé dans l'enceinte resterait la propriété du pays et que le territoire entier de Vincennes serait respecté.

Le général ordonne enfin de baisser le pont-levis du château et il sort en grande tenue à la tête de la garnison après avoir le dernier en France arboré le drapeau national et porté la cocarde tricolore.

Il fut mis à la retraite et le marquis de Puyvert le remplaça pour la seconde fois jusqu'en 1830, où le lieutenant-général du royaume lui rendit son commandement. Cette année les ministres de Charles X, MM. de Polignac, de Chantelauze, de Peyronnet et Guernon-Ranville furent transférés au donjon, et confiés à la garde du gouverneur. Dans la nuit du 14 octobre, la multitude arrive sous les murs de la citadelle et demande à grands cris la tête des accusés. Le gouverneur fait alors baisser le pont-levis, se présente seul devant ces gens furieux et leur dit d'une voix ferme : « Vous me demandez les têtes des accusés, vous ne les aurez qu'avec ma vie... Les ministres doivent être jugés par la loi ; non par vous, et s'il en est un seul qui franchisse ce pont-levis, il ne sortira plus. » Ce courageux langage fait cesser le tumulte et la foule enthousiasmée s'écrie : « Vive Daumesnil ! Vive la jambe de bois ! »

Pour éviter un retour offensif, et pour empêcher ces hommes de surprendre un autre poste, le général imagine de leur donner deux tambours (qu'ils auraient dû avoir, dit-il) et, par ce stratagème, il parvient à faire donner l'éveil aux postes voisins.

Le 29 décembre, pour éviter une nouvelle émeute, on transféra les ministres à Ham.

Quant au brave général, il mourut deux ans plus tard d'une épidémie de choléra et fut inhumé dans le cimetière de Vincennes où la commune lui fit élever un monument en reconnaissance de sa courageuse conduite. Ce monument, assez simple, consiste en une pyramide de pierre portant cette inscription : « Au général Daumesnil la ville de Vincennes reconnaissante. » et un médaillon représentant le donjon du château qu'il a si vaillamment défendu.

Transformations du Bois. — Vincennes actuel.

Depuis un siècle l'aspect du Bois de Vincennes s'est transformé d'une manière tout à la fois rapide et merveilleuse. De nombreux embellissements ont fait de cet endroit une promenade qui rivalise avec celle du Bois de Boulogne ; des lacs artificiels ont été creusés au milieu de terrains arides où ne se voyait pas auparavant la moindre flaque d'eau ; on a dirigé le cours d'un grand nombre de ruisseaux sinueux qui donnent au bois un aspect de fraîcheur qui ne manque pas de charme ; les allées droites du bois ont été modifiées en méandres et de nouvelles avenues également sinueuses ont été percées ; enfin, malgré toutes ces transformations, on a su lui laisser suffisamment la physionomie d'un bois pour qu'il puisse encore en conserver le nom. C'est ce dernier caractère qui différencie le Bois de Vincennes de celui de Boulogne, lequel est devenu un véritable parc, avec des allées tirées au cordeau et de nombreux massifs de plantes exotiques, tandis que celui de Vincennes a gardé l'aspect pittoresque et sauvage d'une forêt.

Malheureusement, en même temps qu'il s'est embelli, le bois a diminué de près de moitié ; entamé à la fois par le génie militaire et par la ville de Paris, à laquelle il appartient depuis 1860.

Voici, du reste, les principales modifications qui y ont été apportées et les nouvelles constructions élevées.

Dès 1816, on établit en face le château un polygone qui fut, en 1839, reporté un peu plus au sud-est. En 1839, on construisit dans le champ de manœuvre qui s'étend au sud du château, un corps de garde et une salle d'artifices pour remplacer celle qui était située au pied du donjon et qui avait sauté deux ans auparavant. En 1844 on bâtit une nouvelle salle d'artifices dans le bois, entre le château et St-Mandé. Elle a sauté, en 1871, par suite de l'entassement immodéré que l'on fit du matériel de guerre pris sur la commune. Le nouvel établissement de la Pyrotechnie a été établie, en 1877, près de la Pyramide, ainsi qu'une cartoucherie et un arsenal.

De 1841 à 1844, on abattit encore une partie du bois pour construire le nouveau fort qui est situé à l'est du château et y est contigu. En 1846, on élève les redoutes de la Faisanderie et de Gravelle, qui défendent la presqu'île de la Marne (la redoute de la Faisanderie est ainsi nommée d'une faisanderie qui existait à cet endroit et qui a été supprimée en 1844. On y a établi depuis une école normale supérieure de gymnastique).

En 1859, on fit camper à St-Maur et dans le polygone, en attendant leur entrée triomphale à Paris, les troupes qui avaient fait la campagne d'Italie. Plus tard, on construisit sur la lisière du bois des Minimes un camp composé de baraques de bois, qui prit aussi le nom de *Camp de St-Maur*, bien qu'il n'eût pas été établi sur le territoire de cette commune. Ce camp existe encore actuellement et a conservé jusqu'à ce jour cette dénomination erronée.

En 1857, l'ancien parc des Minimes dont nous avons parlé dans un précédent chapitre, était encore clos de murs ; il formait une sorte de garenne réservée, plantée d'arbres verts et entourée d'une belle route circulaire.

Ce fut par ce lieu que l'on commença les travaux d'embellissement du bois. En peu de temps on creusa un lac de huit hectares de superficie, au milieu duquel furent ménagées trois îles boisées ; 200,000 mèt. cubes de terre furent enlevés et transportés par un chemin de fer provisoire, entre Nogent et Joinville, pour servir de remblais au chemin de fer de Paris à la Varenne, que l'on construisait alors.

D'un autre côté, on annexa au bois la plaine située au nord de Charenton, on la convertit en un vaste jardin anglais au milieu duquel un lac de vingt hectares fut creusé. Près de Saint-Mandé, on transforma en lac une dépression de terrain où croupissaient les eaux d'un égout venant de Montreuil. Cette partie du bois qui, autrefois était déserte, devint en peu de temps une des plus fréquentées et des plus agréables.

En même temps que l'on commençait tous ces travaux d'embellissement, on construisait, d'autre part, le chemin de fer de Paris à la Varenne qui, commencé en 1856, fut inauguré l'année suivante. Il a été depuis prolongé jusqu'à Brie-Comte-Robert.

Ce chemin de fer, auquel on fit border le bois dans ses côtés nord et est, occasionna de grands changements dans l'aspect de Vincennes et de ses environs. En effet, non seulement Vincennes et les communes voisines virent leur prospérité augmenter par les nouveaux moyens de communication que leur apportait ce chemin de fer, non seulement elles virent leur population presque doublée en peu de temps, mais, en 1860, la ville de Paris qui venait d'acquérir le Bois de Vincennes, mit en vente toute la partie du Bois longeant la voie du chemin de fer, ce qui favorisa la création d'une multitude de charmantes villas entourées de jardins et donna au bois un air de gaieté qu'il n'avait pas eu jusqu'alors. Il est vrai, qu'en revanche, cette opération aliéna une portion notable du bois et diminua ainsi la partie destinée au public. Cette partie fut encore diminuée, la même année par l'établissement d'un *tir national* qui occupa un vaste terrain situé entre l'esplanade du château et la route des Sabotiers. L'ouverture du tir fut précédée d'un concours organisé par une société avec l'aide du gouvernement. Un grand nombre d'amateurs de divers pays prirent part aux épreuves qui eurent lieu du 7 au 18 octobre. L'espace que l'on avait consacré à ce concours était entouré de grilles en bois à hauteur d'appui ; de distance en distance se dressaient des mâts portant des chiffres, des devises, des banderolles, des drapeaux et des trophées. En dedans de la grille d'entrée avaient été dessinées des allées sinueuses parfaitement sablées ; puis, avec huit ou neuf cents caisses de magnoliers, rhododendrons et d'orangers, on avait improvisé un jardin au fond duquel l'entrée du tir s'ouvrait à deux battants. Les cibles étaient au nombre de cinquante-sept, adossées à une butte ; il y avait, en outre, quatre cibles pour le tir à l'arc et un mât pour le tir à l'arbalète.

Pendant que le bois se transformait ainsi comme par enchantement, la ville changeait d'aspect, moins rapidement que le bois, mais d'une façon sensible cependant.

En 1830, fut bâtie une nouvelle église sur l'emplacement de l'ancienne; elle eut pour architecte M. Lesueur, membre de l'Institut, et une mairie fut élevée, en 1844, par les soins de M. Clerget, ancien prix de Rome et architecte du palais de St-Cloud.

L'année suivante, en 1847, des ouvriers et des gens établis fondèrent une sorte de caisse d'épargne dans le but de devenir propriétaire chacun d'une petite somme de 4,000 francs, et, pour cela, ils s'imposèrent une cotisation de 1 fr. 50 par semaine, cotisation qui fut plus tard portée à 5 francs. Avec le fruit de ces épargnes, ils achetèrent, en 1855, des terrains au lieu dit la Sablière et ils y firent bâtir ; mais comme, pendant la création de cette Société, plusieurs de ses membres avaient prospéré, ceux-ci ajoutèrent au capital qu'ils avaient amassé et quelques-uns dépensèrent de 50,000 à 60,000 francs dans la réalisation de leur rêve économique ; c'est ce qu'on nomme la *Société de la Prévoyance*, qui fut entièrement liquidée en 1865. Le quartier ainsi formé a conservé le nom de quartier de la Prévoyance.

Ce fut non loin de ce quartier que l'on établit, en 1858, dans la rue de Paris, l'Hôpital militaire, qui fut inauguré le 1er juin. Il occupe un vaste terrain rectangulaire de 60,000 mèt. carrés, dont 4,500 environ sont couverts de constructions ; cet hôpital peut servir de modèle aux constructions de ce genre.

Depuis cette époque, Vincennes n'a cessé de prospérer ; sa population a augmenté rapidement et de nombreuses constructions se sont élevées sur son territoire ; des magasins luxueux s'y sont établis, une mairie monumentale et élégante à la fois a été bâtie faisant face au cours Marigny et donnant rue de Fontenay, de nombreuses rues nouvelles ont été percées et livrées à la circulation.

C'est aujourd'hui un des plus agréables séjours des environs de Paris dont il est un véritable faubourg desservi par le chemin de fer qui a des trains tous les quarts d'heure et par une ligne de tramways. Son château qui a vu s'accomplir tant d'événements remarquables, qui a abrité tant de rois, sert maintenant de caserne ; son bois, qui a servi de retraite à Saint-Louis et dont les échos ont si souvent répété de joyeuses fanfares de chasse, est aujourd'hui le rendez-vous du dimanche d'une foule de Parisiens avides de respirer un air pur, de chanter à gorge déployée et de faire sur l'herbe un repas champêtre. Au printemps, l'on y vient cueillir la fleur nouvelle, la violette, la fausse-narcisse, et la fragile anémone. Les lacs sont pendant tout l'été sillonnés de gracieux canots de plaisance et, quand vient l'hiver, les patineurs y prennent leurs ébats, traçant d'un pied rapide d'élégantes courbes sur leur surface congelée.

Quant aux événements, ils s'en est passé peu de remarquables depuis une vingtaine d'années et ils sont encore trop peu éloignés de nous pour que nous puissions en parler avec toute l'impartialité désirable. Laissons, du reste, à d'autres le soin de faire pour le présent ce que nous avons essayé de faire pour le passé.

E. LEMARCHAND.

TABLE DES MATIÈRES

	PAGES.
Étymologie du nom de Vincennes	3
L'ancien Manoir royal	4
Les Chevaliers de Grammont	4
Vincennes résidence royale	5
Histoire et description du nouveau Château	6
Origine du village de Vincennes	8
Le Château sous Charles VI et ses successeurs	9
La Sainte-Chapelle	10
Les Minimes	12
Le Château sous Louis XIII et Louis XIV	13
Mazarin à Vincennes	15
La Manufacture de Porcelaine de Vincennes	16
Replantation du Bois	17
Vincennes prison d'État	17
Administration intérieure du Donjon	17
Les prisonniers du Donjon	19
La commune de Vincennes	27
Rapport au Conseil municipal sur le Donjon de Vincennes	27
Exécution du duc d'Enghien	29
Daumesnil	35
Transformation du Bois. — Vincennes actuel	36

www.ingramcontent.com/pod-product-compliance
Lightning Source LLC
Chambersburg PA
CBHW061007050426
42453CB00009B/1309